Dr. S. Fritz Forkel

د. سليمان فريتس فوركل

ד״ר שלמה פריץ פורקל

Skén:nen Rón:nis

Christian Helfer

CRATER DICTORUM

Lateinische Sprich- und Schlagwörter, Wahlsprüche
und Inschriften des 15. – 20. Jahrhunderts

Zweite, erweiterte Auflage

Saarbrücken 1995

Verlag der Societas Latina * Universität des Saarlandes FR 6.3

VERLAG DER SOCIETAS LATINA
UNIVERSITÄT FR 6.3, POSTFACH 151150, D-66041 SAARBRÜCKEN
ISBN 3-923587-21-X

Dissertations Druck Darmstadt GmbH

Vorwort

Die kleine Sammlung lateinischen Spruchguts der Neuzeit enthält nach ihrer Herkunft, Verbreitung und literarischen Qualität vermischte Zeugnisse eines bis in die Gegenwart reichenden Lateingebrauchs, deren Auswahl einerseits recht subjektive Vorlieben verrät, andererseits in der Absicht erfolgte, das Fortwirken der Muttersprache Europas an verschiedenartigen Beispielen zu belegen. Berücksichtigt wurde sowohl eine Anzahl neulateinischer Sprichwörter, welche ebenso wie Brocardica und Embleme erläuternde Sprüche in Sammelwerken schon erschlossen worden sind, als auch bestimmten Ereignissen zugeordnete Sentenzen oder schlagwortartige Formulierungen, die für die Lebensgeschichte oder Denkweise historischer Persönlichkeiten etwas bedeutet haben. Auf antike oder mittelalterliche Zitate wurde gelegentlich Bezug genommen, sofern sie in späterer Zeit Abwandlungen erfahren haben, auch wenn sie dabei nicht selten verwässert worden sind. Bei metrisch gestalteten Sprüchen wurde durchweg die Versform angegeben, wobei öfters auf elegische Distichen und auf den aus der lateinischen Poesie des Mittelalters überkommenen leoninischen Hexameter hinzuweisen war, bei dem sich der Versschluß mit der weiblichen Hauptzäsur (im dritten Fuße) reimte.

Gegenüber der Vorauflage enthält die Neuausgabe eine größere Zahl von Veränderungen und Verbesserungen. So konnten Zitate in vielen Fällen genauer nachgewiesen und solche ausgeschieden werden, die sich als antik oder mittelalterlich erwiesen haben. Erweiterungen und Ergänzungen ergaben sich u. a. durch die Auswertung von Eintragungen in studentische Stammbücher. Die Nachweise beziehen sich durchweg nur auf den lateinischen Text, nicht auf die Übersetzung. Die Rechtschreibung ist berichtigt, soweit es sich nicht um Inschriften handelt. Bei diesen konnte in mehreren Fällen noch nicht geprüft werden, ob sie am angegebenen Ort erhalten sind. Bei Zitaten aus alphabetisch geordneten Sprichwörterbüchern wurde auf die Angabe von Seitenzahlen verzichtet.

Für die Durchsicht des Manuskripts und viele erwünschte Anregungen danke ich Theodor Knecht in Rehetobel (Schweiz) und Sigrid Albert in Saarbrücken. Die Bearbeitung des Textes hat Frau Ursula Kropp mit bewährter Umsicht und Sorgfalt übernommen.

Saarbrücken, 8. März 1995   Chr. H.

Verzeichnis der in Versalien mit Jahresangabe angeführten Wörterbücher und Zitatenschätze.

ARTHABER 1972	Augusto Arthaber: Dizionario comparato di proverbi e modi proverbiali. Mailand 1972
BACCI 1963	Antonius Bacci: Lexicon vocabulorum quae difficilius Latine redduntur. 4. Aufl. Rom 1963
BARTAL 1901	Antonius Bartal: Glossarium mediae et infimae Latinitatis Hungaricae. Leipzig 1901. Neudr. Hildesheim (Olms) 1970
BARTELS 1992	Klaus Bartels (*1936): Veni vidi vici. Geflügelte Worte aus dem Griechischen und Lateinischen. München 1992
BAYER 1993	Karl Bayer: Nota bene! Das lateinische Zitatenlexikon. Zürich 1993
BEBEL	Heinrich Bebel's proverbia Germanica. Hrsg. v. H. D. Suringar. Leiden 1879. Neudr. Hildesheim (Olms) 1969
BENHAM 1948	Benham's Book of Quotations. London 1948
BINDER 1861	Wilhelm Binder: Novus thesaurus adagiorum Latinorum. Stuttgart 1861. Neudr. Vaduz (Sändig) 1986
BLISS 1966	A. J. Bliss: A Dictionary of Foreign Words and Phrases in Current English. London 1966
BODEUSCH 1866	W. Bodeusch: Fremdwörterbuch. 7. Aufl., Langensalza 1866
BUCHLER 1613	Johannes Buchler: Thesaurus proverbialium sententiarum uberrimus. Köln 1613
BÜCHMANN 1864	Georg Büchmann (1822-84): Geflügelte Worte. Der Citatenschatz des Deutschen Volks. Berlin 1864
BÜCHMANN o. J.	Idem: Geflügelte Worte. Bearb. v. W. Heichen. Berlin o. J.
BÜCHMANN 1942	Idem: Geflügelte Worte. 29. Aufl. Berlin 1942
BÜCHMANN 1972	Idem: Geflügelte Worte. 32. Aufl. Berlin 1972
BÜCHMANN 1981	Idem: Geflügelte Worte. 33. Aufl. Frankfurt/M. 1981
CAPELLANUS 1966	Georg Capellanus (Eduard Johnson * 1840): Sprechen Sie Lateinisch? 13. Aufl. Bonn 1966

CATO 1991   Otto Cato: Lateinische Zitate. 5. Aufl. Hildesheim 1991

DIELITZ 1883   J. Dielitz: Die Wahl- und Denksprüche, Feldgeschreie, Losungen, Schlacht- und Volksrufe, besonders des Mittelalters und der Neuzeit. Görlitz 1883

EISELEIN 1838 J. Eiselein: Die Sprichwörter und Sinnreden des deutschen Volkes in alter und neuer Zeit. Donaueschingen 1838

FRIED o. J.   Alfred Hermann Fried: Lexikon fremdsprachlicher Zitate. Leipzig ⟨1889⟩

FUMAGALLI 1896 Giuseppe Fumagalli: Chi l'ha detto? Tesoro di citazioni. 2. Aufl. Mailand 1896

FUMAGALLI 1968 Idem: 10. Aufl. Mailand 1968

FUMAGALLI 1975 Idem: L'ape latina. Mailand 1975

GARTNER 1574   Andreas Gartner: Proverbialia Dicteria. o. O. 1574

GOICOECHEA 1952 Cesáreo Goicoechea Romano, Diccionario de Citas, Barcelona 1952

GOBMANN 1844   Joh. Barth. Goßmann: 777 Lateinische Sprichwörter zum Schul- und Privatgebrauche. Landau 1844

GW 1985   Geflügelte Worte. Zitate, Sentenzen und Begriffe in ihrem geschichtlichen Zusammenhang. Zusammengestellt und kommentiert von Kurt Böttcher, Karl Heinz Berger, Kurt Krolop und Christa Zimmermann. 4. Aufl. Leipzig 1985

HARTUNG 1872   Carl Hartung: Lateinische Sentenzen. Berlin 1872

HELFER 1991   Christian Helfer: Lexicon Auxiliare. Ein deutsch-lateinisches Wörterbuch. 3. Aufl. Saarbrücken 1991

HEMPEL 1890   Hermann Hempel: Lateinischer Sentenzen- und Sprichwörterschatz. 2. Ausg. Bremen 1890

HERHOLD 1887: Ludwig Herhold: Lateinischer Sentenzen- und Sprichwörterschatz. Hannover 1887

HEYSE 1893   Joh. Christ. Aug. Heyse: Fremdwörterbuch. 17. Aufl. Hannover u. Leipzig 1893

HEYSE 1903   Idem: Fremdwörterbuch. 14. Aufl. Bearb. v. Carl Böttger. Leipzig 1903

HILNER 1606   Johann Hilner: Gnomologicum Graecolatinum. Leipzig 1606

JONES 1949	Hugh Percy Jones: Dictionary of foreign phrases and classical quotations. Edinburgh 1949
KEIL 1893	Robert u. Richard Keil: Die deutschen Stammbücher des sechzehnten bis neunzehnten Jahrhunderts. Berlin 1893
KIRSCH 1714	Adam Friedr. Kirsch: Abundans cornucopiae linguae Latinae. Nürnberg 1714
KIRSCH 1759	Idem: Abundantissimum cornucopiae linguae Latinae. Regensburg 1759
KLUGE 1989	Friedrich Kluge: Etymologisches Wörterbuch der deutschen Sprache. 22. Aufl. Berlin 1989
KREBS 1896	Gotthold Krebs: Mottos und Devisen des Kriegerstandes. Wien 1896
KRÜGER 1981	Das große Krüger Zitatenbuch. Hrsg. von J. H. Kirchberger. München 1981
LADENDORF 1906	Otto Ladendorf: Historisches Schlagwörterbuch. Ein Versuch. Straßburg u. Berlin 1906
LANG 1596	Joseph Lang: Adagia. Straßburg 1596
LAROUSSE 1992	Le petit Larousse illustré. Paris 1992
LATHAM 1965	R. E. Latham: Revised Medieval Latin Word-List from British and Irish Sources. Oxford 1965
LIEBS 1982	Detlef Liebs: Lateinische Rechtsregeln und Rechtssprichwörter. München 1982
LIPPERHEIDE 1907	Franz Frh. v. Lipperheide: Spruchwörterbuch. Berlin 1907
LOOFF 1883	Friedr. Wilh. Looff: Allgemeines Fremdwörterbuch. 3. Aufl. Langensalza 1883
MALL 1988	Joseph Mall: Latinitate optima originali non magistrorum cum gaudio docebis disces linguam Latinam: 5.500 formulis, verborum lusibus, sententiis, electis e poet<ic>is locis. Calliano 1988
MANUTIUS 1575	Paul Manutius: Adagia. Florenz 1575
MANUTIUS 1609	Idem. Venedig 1609
MAURI 1979	de Mauri (Ernesto Sarasino): 5000 Proverbi e motti Latini. 2. Aufl. Mailand 1979
MAUTHNER	Wörterbuch der Philosophie. 1. Bd. 1910/11. Neudr. Zürich 1980
NEANDER 1590	Michael Neander: Ethice vetus et sapiens veterum latinorum sapientium. Leipzig 1590

ÖRTEL 1842   Örtel: Auswahl der schönsten Denk- und Sittensprüche. 1842

OXFFORD 1950   The Oxford dictionary of quotations, London 1950

PAAS 1988   John Roger Paas, Effigies et Poesis, Printed portraits with laudatory verses, Wiesbaden 1988

PALINGENIUS 1628 Marcellus Palingenius: Zodiacus vitae. Amsterdam 1628

QUOTATIONS 1865 A New Dictionary of Quotations. 4. Aufl. London 1865

REBRO 1984   Karol Rebro: Latinské Vybral, preložil a výkladom doplnil. Bratislava 1984

REICHERT 1957   Heinrich G. Reichert: Urban und human. Gedanken über lateinische Sprichwörter. 3. Aufl. Hamburg 1957

RITTER   Joachim Ritter (Hrsg.): Historisches Wörterbuch der Philosophie. Darmstadt 1971 ff.

RITZIUS 1728   Andreas Ritzius: Florilegium Adagiorum et Sententiarum Latino-Germanicum. Basel 1728

ROLAND/BOYER   Henri Roland u. Laurent Boyer: Locutions Latines et adages du droit Français contemporain. 2 Bde. Lyon 1978/79

SCHAMEL o. J.   Johann Martin Schamel: Lateinische Sprichwörter und Maximen. Leipzig o. J.

SCHELLER 1789   Imm. Joh. Gerh. Scheller (1735-1803): Ausführliches und möglichst vollständiges lateinisch-deutsches Lexicon oder Wörterbuch. Deutsch-lateinischer Teil. 2. Aufl. Leipzig 1789

SCHOEPS o. J.   Hans Joachim Schoeps: Ungeflügelte Worte. Wiesbaden o. J.

SCHONHEIM 1728 Otto Wilhelm Schonheim: Proverbia illustrata et applicata in usum juventutis illustris. Leipzig 1728

SCHREGER 1766   Odilo Schreger: Studiosus jovialis. Stadtamhof 1766

SEPP 1885   P. B. Sepp: Varia. Eine Auswahl von lateinischen und deutschen Versen, Sprüchen und Redensarten. 5. Aufl. Augsburg 1885

SEYBOLD 1677	Johann Georg Seybold: Viridarium selectissimis Paroemiorum et Sententiarum Latino-Germanicarum flosculis amoenissimum. Nürnberg 1677
SKEAT 1961	Walter W. Skeat: An Etymological Dictionary of the English Language. Oxford 1961
STEINMEYER 1615	Vincent Steinmeyer: Sprichwörter. Frankfurt/M. 1615
STEVENSON 1974	Burton Stevenson: Stevenson's book of quotations, 10. Aufl., London 1974
URZIDIL 1964	Johannes Urzidil: Amerika und die Antike. Zürich 1964
VOSSEN 1978	Carl Vossen: Latein - Muttersprache Europas. Düsseldorf 1978
WALTER 1913	Karl Walter: Glockenkunde. Regensburg u. Rom 1913
WALTHER 1963-67	Hans Walther: Proverbia sententiaeque Latinitatis medii aevi. Göttingen 1963-67
WALTHER 1982-86	Hans Walther: Proverbia sententiaeque Latinitatis medii aevi ac recentioris aevi. Göttingen 1982-86
WANDER	K. F. W. Wander: Deutsches Sprichwörter-Lexikon. Leipzig 1867-80
WEBER 1705	Johann Weber: Dicta Sapientium. Frankfurt 1705
WEIS 1939,1	Hans Weis: Curiosa. München u. Berlin 1939
WEIS 1939,2	Idem: Jocosa. 2. Aufl. München u. Berlin 1939
WEIS 1976	Idem: Bella Bulla. Lateinische Sprachspielereien. 6. Aufl. Bonn 1976
WIEGAND 1861	Carl Wiegand: Das Proverbium in grammatischer Verwendung bei dem Elementarunterricht der lateinischen Sprache. Leipzig 1861
WOOD 1954	James Wood, The Nuttall dictionary of quotations, London u. New York 1954
ZINCGREF 1683	Julius Wilhelm Zincgref: Teutscher Nation Klugausgesprochene Weisheit. Frankfurt u. Leipzig 1683
ZOOZMANN	Richard Zoozmann: Zitaten- und Sentenzenschatz der Weltliteratur. Leipzig o. J.

Verzeichnis der öfter zitierten Autoren.

Bacon	Francis Bacon (1561-1626)
Boswell	James Boswell (1740-92)
Burton	Robert Burton (1577-1640): The Anatomy of Melancholy. 4. Aufl. Oxford 1632. Hrsg. v. Th. C. Faulkner, N. K. Kiessling, Rh. L. Blair. Oxford 1989
Casanova	Giacomo Casanova (1725-98): Briefwechsel mit J. F. Opitz. Hrsg. v. Fr. Khol u. O. Pick. Berlin 1922
Castiglione	Baldassare Castiglione (1478-1529): Libro del cortegiano. Venedig 1528
Coke	Edward Coke (1552-1634)
Comenius	Johann Amos Comenius (1592-1670)
Coryate	Thomas Coryate: Die Venedig- und Rheinfahrt A. D. 1608, Stuttgart 1970
Crucius	Jacob Crucius: Mercurius sive epistolarum opus. Amsterdam 1661
Erasmus	Desiderius Erasmus (1466/69-1536)
Happel	Eberhard Werner Happel (1647-90): Der akademische Roman. Bern 1962
Langland	William Langland (ca 1332-1400): The Book concerning Piers the Plowman. Hrsg. v. R. Attwater
Lessing	Gotthold Ephraim Lessing (1729-81): Sämtliche Schriften. Hrsg. v. Karl Lachmann. Leipzig 1853-57
Lichtenberg	Georg Christoph Lichtenberg (1742-99): Schriften und Briefe. Hrsg. v. W. Promies. 3. Aufl. München 1990
Linné	Carl von Linné (Linnaeus 1707-78): Nemesis Divina. Hrsg. v. W. Lepenies u. Lars Gustafson. Frankfurt/M. 1983
Locke	John Locke (1632-1704): Essay concerning human understanding. 1690
Luther	Martin Luther (1483-1546)
Montaigne	Michel Eyquem de Montaigne (1533-92): Essais. Bordeaux 1595
Nietzsche	Friedrich Nietzsche (1844-1900): Werke. Hrsg. v. K. Schlechta. München 1954

Owen	John Owen (ca 1560-1622): Epigrammata. Basel 1766
Pascal	Blaise Pascal (1623-62): Gedanken. Übers. v. W. Rüttenauer. Leipzig o. J.
Paul	Jean Paul Friedrich Richter (1763-1825): Werke. Hrsg. v. Norbert Miller. München 1960
Petrarca	Francesco Petrarca (1304-74): Rerum memorandarum libri. Hrsg. v. Gius. Billanovich. Florenz 1943
Rabelais	François Rabelais (ca 1494-1553): Gargantua und Pantagruel. Übers. v. E. Hegaur u. Owlglass. München 1922
Schopenhauer	Arthur Schopenhauer (1788-1860): Sämtliche Werke in zwölf Bänden. Stuttgart und Berlin o. J.
Seume	Johann Gottfried Seume (1763-1810): Prosaschriften. Darmstadt 1974
Spinoza	Baruch de Spinoza (1632-77)
Taubmann 1619	Friedrich Taubmann (1565-1613): Schediasmata poetica innovata. 1619
Taubmann 1722	Idem: Taubmanniana. Frankfurt u. Leipzig 1722
Thomas	Thomas von Kempen (1379/80-1471): De imitatione Christi.

Abkürzungen.

EuJ	Einst und Jetzt
FAZ	Frankfurter Allgemeine Zeitung
KHM	Kinder- und Hausmärchen
ZEIT	Die Zeit

A Deo et parente
- Von Gott und dem Erzeuger. Wahlspruch des Markgrafen Christian
Ernst zu Brandenburg (1644-1712). Inschrift auf einem Taler, den ein
später wegen Münzbetrügereien gehenkter Baron Cronemann 1679
prägen ließ ⟨DIELITZ 1883⟩.

A Gadibus usque Auroram
- Von Cadiz bis zur Morgenröte. Wahlspruch der englischen Süd-
see-Compagnie, bezogen auf die Ausdehnung ihrer Handelstätigkeit
von den Säulen des Herkules (columnae Gaditanae) bis zum Morgen-
lande. Siehe *Hercules.*

A mari usque ad mare
- Vom Meer zum Meer. Wappenspruch von Kanada ⟨VOSSEN 1978,
158⟩.

A medico indocto, / a cibo bis cocto,
ab amicitia reconciliata,
a mala muliere / libera nos, Domine!
- Einen Doktor, der nicht weise, / eine aufgewärmte Speise, /ausge-
söhnte Freundeskreise, /und ein böses Weib / halt uns, Herr, vom
Leib! ⟨WEIS 1939, 1, 9⟩.

A rufo calvo et germano italizato cavendum est
- Vor einem kahlen Rotkopf und einem italienisierten Deutschen soll
man sich hüten. Warnung vor der Nachäffung fremden Wesens im 16.
Jahrhundert; beeinflußt von B. Castiglione, 1528.

A sole et sale
- Von der Sonne und vom Salz. Wahlspruch des Herzogs Johann
Ernst zu Sachsen (+ 1729) ⟨DIELITZ 1883⟩. Das Wortspiel begegnet
auch in *Nil sole et sale utilius* ⟨BENHAM 1948⟩.

A solis ortu usque ad occasum
- Von Sonnenauf- bis -untergang. Wahlspruch der spanischen Könige
seit 1492 ⟨KREBS 1896⟩.

Abit onus / obit anus / ubi sonat / tuba Sion / tua nobis / ita bonus / Tobianus.
Anagramme eines Tobianus auf den Tod einer Erbtante ⟨WEIS 1976, 45⟩. Siehe *Obit anus ...*

Abit victoria pace
- Der Sieg hört auf mit dem Frieden. Wahlspruch von Jacques Le Conte (+ 1567) ⟨KREBS 1896⟩.

Abite nummi, ego vos mergam, ne mergar a vobis
- Geht dahin, Taler, ich will Euch ersäufen, damit ich nicht von Euch ertränkt werde ⟨BENHAM 1948⟩.

Ablata, at alba
- Ich bin hingerichtet worden, aber unschuldig. Palindrom, das Maria Stuart (1542-87) vor ihrer Hinrichtung an die Wand ihres Kerkers geschrieben haben soll ⟨WEIS 1976, 56⟩. Ein lateinisches Gebet der Maria Stuart kurz vor ihrer Enthauptung erwähnt G. Chr. Lichtenberg, 1, 807.

Absurdum est, ut alios regat, qui seipsum regere nescit
- Es ist widersinnig, daß jemand andere beherrschen soll, der sich selbst nicht beherrschen kann ⟨BENHAM 1948⟩.

Abundantia diligentibus
- Überfluß den Umsichtigen. Wahlspruch des Kardinals v. Givry-Longwy (+ 1612).

Abusus non tollit usum
- Der Mißbrauch (eines Rechts) hebt den Gebrauch (dieses Rechts) nicht auf. Rechtssprichwort unklarer Herkunft ⟨BARTELS 1992⟩.

Abusus optimi pessimus
- Der Mißbrauch des Besten ist der schlimmste. Sprichwort unklarer Herkunft; zitiert von A. Schopenhauer, 1, 497.

Accedens non conveniam
- Näherkommend werde ich nicht zusammenkommen. Von Galilei (1564-1642) 1629 in Florenz in ein Stammbuch geschrieben zur Figur

einer Hyperbel mit ihren Asymptoten, die sich mit jener in endlicher Entfernung nicht treffen können ⟨KEIL 1893, 107⟩.

Accedo nemini
- Ich stimme niemandem zu. Formel bei Papstwahlen ⟨HEYSE 1903⟩.

Accipe, cape, rape / sunt tria verba Papae
- Ergreife, raube, horte, / sind des Papstes Worte. Spottvers auf den guten Magen der Kirche ⟨WEIS 1939, 1, 9⟩. Von Fr. Rabelais, 2, 434 zitiert in der Form: *Accipe, sume, cape, sunt verba placentia papae.*

Accipe, dum dolet
- Nimm (Doktor), solange es noch wehtut ⟨ZINCGREF 1683⟩. Als zweiter Vers kommt vor: *curatus solvere nolet* - Der Geheilte will nicht zahlen ⟨HERHOLD 1887, 4⟩.

Accusare nemo se debet nisi coram Deo
- Niemand braucht sich selbst anzuklagen, außer vor Gott. Rechtssprichwort ⟨FUMAGALLI 1975, vgl. LIEBS 1982⟩.

Acta exteriora indicant interiora secreta
- Äußerlich sichtbare Handlungen zeigen im Inneren Verborgenes an. Auch: Auf Akten ist außen vermerkt, ob sie Geheimzuhaltendes enthalten. Rechtssprichwort ⟨LIEBS 1982⟩.

Acuit ut penetret
- Er schärfte (den Pfeil), damit er eindringe. Wahlspruch von König Johann I von Portugal (reg. 1385-1433) ⟨KREBS 1896⟩.

Ad astra per ardua
- Durch Schwierigkeiten zu den Sternen. Wahlspruch ⟨BENHAM 1948⟩. Variante der inhaltlich auf antike Vorbilder zurückgehenden Devise *Per aspera ad astra* ⟨vgl. BÜCHMANN 1972, 569⟩.

Ad impossibile nemo tenetur
- An Unmögliches ist niemand gebunden. Rechtssprichwort, zitiert von Johannes Navizanus, Sylva Nuptialis, 1, 122. Auch: *.. nemo obligatur* ⟨BENHAM 1948⟩.

Ad instar gruis
- Gleichwie der Kranich. Wahlspruch des Grafen Carl Wilhelm v. Sayn, 1676 ⟨DIELITZ 1883⟩. Der Kranich galt von alters als Sinnbild der Wachsamkeit. In Gesellschaft stellt er Wachen aus und entsendet Kundschafter, um sich vor Gefahr zu sichern.

Ad mala patrata sunt atra theatra parata
- Für schlimme Verbrechen sind finstere Plätze bereitet. Frühere Inschrift über der Folterkammer im Nürnberger Lochgefängnis ⟨WEIS 1976, 121⟩.

Ad modum Minelli
- In der Art Minellis. Bezeichnung von Klassikerausgaben mit wörtlicher Übersetzung, zuerst herausgegeben von dem niederländischen Schulmann Jan Minellius (Min-Elli 1625-83).

Ad officium medici pertinet, ut tuto, ut celeriter, ut jucunde curet
- Zum Arztberuf gehört es, sicher, rasch und angenehm zu heilen. Medizinerspruch ⟨SEPP 1885, 53⟩.

Adam primus homo crux omni posteritati
- Adam der erste Mensch, ein Kreuz der ganzen Nachwelt. Hexameter, der sich von hinten als Pentameter lesen läßt; *Adam* ist doppelzeitig ⟨CAPELLANUS 1966, 172⟩

Ads- siehe auch *As(s)-*

Adversa virtute repello
- Widriges wehre ich durch Tugend ab. Wahlspruch der Denisons ⟨BENHAM 1948⟩.

Adversus hostes nulla praetereunda est occasio
- Den Feinden gegenüber soll man keine Gelegenheit versäumen. Devise der freien Reichsstadt Lübeck ⟨KREBS 1896⟩.

Advocatus diaboli
- Anwalt des Teufels. Seit dem 16. Jh.(?) volkstümliche Bezeichnung des 'promotor fidei', eines der Konsultatoren im Selig- und Heiligsprechungsverfahren der katholischen Kirche. Offenbar zuerst einge-

setzt von Papst Leo X (reg. 1513-21), um alle Berichte über den zu Kanonisierenden zu prüfen ⟨GW 1985, 181⟩.

Aeacus et Minos et tertius est Rhadamanthus.
Merkvers für die drei Totenrichter ⟨WEIS 1976, 19⟩.

Aedíbus his parvis magnus prognatus Erasmus
- Aus diesem kleinen Gehäus entsprang der große Erasmus. Inschrift am Geburtshaus des D. Erasmus in Rotterdam. Den Hexameter zitiert Hermann Kirchner, Orationes, Erfurt 1626, 2, 215. Vielleicht beeinflußt durch Seneca (epist. 66): *Potest ex casa magnus vir exire* - Aus einer Hütte kann ein großer Mann hervorgehen.

Aedificare in tuo proprio solo non licet, quod alteri noceat
- Auf eigenem Grund darf man nichts errichten, was einem anderen schaden könnte. Rechtssprichwort ⟨BENHAM 1948⟩.

Aequabit nigras candida sola dies
- Ein einziger strahlender Tag wird (alle) schwarzen Tage ausgleichen. Wahlspruch des italienischen Dichters Jacopo Sannazaro (1456?-1530)

Aequis aequus
- Den Rechten recht. Wahlspruch des deutschen Kaisers Leopold I (1640-1705). Mit Bezug auf seinen Anfangsbuchstaben, das rechtwinkelige L ⟨DIELITZ 1883⟩.

Aeri cur haeres? Cras aeris non eris heres
- Warum hängst Du am Gelde? Dein Geld wirst Du morgen nicht erben. Leoninischer Hexameter von Johann Michael Moscherosch (Philander von Sittewalt 1601-49) ⟨WEIS 1976, 72⟩.

Aerugo animi cura peculii
- Die Sorge um das Vermögen ist Rost der Seele. Papst Clemens XI (1649-1721) ⟨DIELITZ 1883⟩.

Aerugo animi, rubigo ingenii
- Wer rastet, der rostet. Zitiert von R. Burton, 1, 2, 2, 6. *Robigo animorum* bei Seneca (epist. 95, 36).

Affectus non punitur, nisi sequatur effectus
- Die Gemütsbewegung wird nicht bestraft, wenn sie folgenlos bleibt. Wortspielerisches Rechtssprichwort ⟨BINDER 1861, 11⟩.

Afflavit Deus et dissipati sunt
- Gott blies und sie wurden zerstreut. Angebliche Inschrift einer englischen Denkmünze anläßlich des Untergangs der spanischen Armada im Jahre 1588. Inhaltlich zurückgehend auf die Vulgata (2. Mos. 15. 10): *Flavit spiritus tuus et operuit eos mare* - Da ließest du Deinen Wind blasen, und das Meer bedeckte sie. Eine Dank- und Denkmünze prägten die Holländer in Mittelburg, deren eine Seite mit den Wogen kämpfende Schiffe zeigte mit der Umschrift: *Flavit Jehova et dissipati sunt. 1588.* Irrtümlich schrieb Joseph Addison (1672-1719) in der Zeitschrift 'Spectator' (Nr 293, 1712) der Königin Elisabeth I von England eine solche Münze zu mit der Inschrift: *Afflavit Deus et dissipantur.* Friedr. Schiller übernahm in der Anmerkung zu seinem Gedicht "Die unüberwindliche Flotte" diesen Irrtum und brachte die Sentenz in die durch ihn bekanntgewordene Form ⟨BÜCHMANN 1942⟩.

Afflictis longae, celeres gaudentibus horae
- Lang werden die Stunden den Betrübten, den Fröhlichen eilen sie schnell davon. Hexameter auf Sonnenuhren ⟨FUMAGALLI 1975⟩.

Agitas, agitaris et ipse
- Du glaubst zu schieben, und Du wirst geschoben. Von Julius Wilhelm Zincgref (1591-1635), Emblematum Ethico-Politicorum Centuriae, Frankfurt 1619, Nr 7, gebrauchter Hexameterschluß, verdeutscht durch Goethe in der Walpurgisnacht des 'Faust' ⟨vgl. BÜCHMANN 1972⟩.

Alata aetas
- Die Zeit hat Flügel ⟨BUCHLER 1613⟩.

Alea judiciorum
- Das Glücksspiel der Rechtsprechung ⟨BENHAM 1948⟩.

Aliis inserviendo consumor
- Anderen dienend verzehre ich mich. Lemma eines Emblems, das eine brennende Kerze zeigt. Wahlspruch u. a. des Herzogs Julius

von Braunschweig (+ 1613) 〈KREBS 1896〉. Von Otto v. Bismarck (1813-98) gebraucht in einem Brief vom 6. 11. 1852 und in der Fassung: *Patriae inserviendo consumor* zuerst im Dezember 1881 〈BAYER 1993, 97 u. 1673〉.

Aliud est celare, aliud tacere
- Verschweigen ist etwas anderes als schweigen. Rechtssprichwort 〈BENHAM 1948〉.

Aliud legunt pueri, aliud viri, aliud senes
- Anderes lesen sich Knaben, anderes Männer, anderes Greise heraus. Hugo Grotius (1583-1645).

Alma mater
- Nährende Mutter. Bei den Römern Ehrenname segenspendender Gottheiten (Ceres, Tellus, Rhea, Kybele). Im Mittelalter auf die Kirche bezogen. Später verehrungsvolle Bezeichnung des Vaterlands und der Universitäten und Pflegstätten der Wissenschaft. Auch: *Alma parens.*

Alterum lumen Angliae
- Die andere Leuchte Englands (neben der Kirche). Alter Ehrentitel von Oxford.

Altior adversis
- Erhaben über Widerwärtigkeiten. Devise des mecklenburgischen Greifenordens.

Amabat nesciri
- Er liebte es, nicht gekannt zu werden. Grabschrift des Generals Grabinski in der Kartause von Bologna. Nach Thomas von Kempen (1379/80-1471), 1, 2, 15: *ama nesciri et pro nihilo reputari.*

Amare et mare sunt idem. In utroque multi (pereunt)
- Lieben und das Meer sind gleich; in beiden gehen viele unter. Abraham a Santa Clara (Ulrich Megerle 1644-1709).

Amici fures temporum
- Freunde sind Diebe der Zeit. 1605 zitiert von Fr. Bacon, The advancement of learning, London 1950, 180.

Amicitiam trahit amor
- Die Liebe zieht die Freundschaft nach sich. Auf die Berufstätigkeit
anspielender Wahlspruch der Drahtzieher-Innung in London.

Amico pectus hosti frontem
- Dem Feinde die Stirne, dem Freunde die Brust. Wahlspruch u. a.
des Herzogs Wilhelm v. Nassau (+ 1839) ⟨KREBS 1896⟩. Deutsche
Fassung von Theodor Körner im 'Thüringer Bundeslied' (1810).

Amicorum copula / praeter mores pocula
- Der Freunde Band sind außer dem Charakter die Becher. Versus
quassatus von Georg Müller-Giersleben, zitiert von Manfred Hanke,
Die Schüttelreimer, Stuttgart 1968, 92.

Amicum proba, probatum ama!
- Den Freund erprobe, den erprobten liebe! Wahlspruch ⟨HERHOLD
1887, 15⟩,

Amicus humani generis
- Ein Menschenfreund. Englischer Ehrentitel für Philanthropen wie
John Howard (1726-90) und Benjamin Franklin (1706-90).

Amor Dei intellectualis
- Die intellektuelle Liebe Gottes. Von B. de Spinoza, Ethica ordine
geometrica demonstrata (1662/65), beschriebene Vorstellung, wobei
Dei als objektiver und subjektiver Genitiv gebraucht ist ⟨GW 1985,
231⟩.

Amor Electis, Injustis Ordinat Ultor
- Liebe die Erwählten, die Ungerechten trifft der Rächer. Mit den
Vokalen spielender Wahlspruch des deutschen Kaisers Friedrich III
(1415-93) ⟨DIELITZ 1883⟩.

Amor fati
- Liebe zum Schicksal. Bezeichnung Fr. Nietzsches (1844-1900) für
seine 'innerste Natur'. Von ihm gebraucht in Ecce homo, 2, 10 und
in einem Brief an Franz Overbeck im Sommer 1882 als fatalistische
'Gottergebenheit' beschrieben.

Amor omnibus haud idem
- Die Geschmäcker sind verschieden ⟨PALINGENIUS 1628⟩. Gegensatz zu Vergils *Amor omnibus idem* (Aen. 3, 244).

Amore et timore
- Durch Liebe und Furcht. Wahlspruch des Kaisers Joseph I (1678-1711).

Amore, more, ore, re / junguntur amicitiae
- Durch Liebe, Sitte, Mund und Hand, verknüpft sich unser Freundschaftsband. Wortspiel ⟨SEPP 1885, 33⟩. Auch: *coluntur* oder *probantur amicitiae* ⟨WEIS 1939, 2, 25⟩.

Amore sitis uniti
- Seid in Liebe verbunden. Devise der Zinngießer- und Drahtflechterinnung in London. Scherzhafte Nebenbedeutung: Durch die Liebe zum Durst verbunden ⟨DIELITZ 1883⟩.

Amori et dolori sacrum
- Der Liebe und dem (Liebes-)Schmerz geweiht. Inschrift an der Villa des 1923 gestorbenen schwed.-franz. Barons Fersen auf der Insel Capri. Vielleicht beeinflußt von Ovid: *Litore quot conchae tot sunt in amore dolores* (ars am. 2, 519) ⟨vgl. Gymnasium 89, 1991, 139⟩.

An nescis, mi fili, quantilla prudentia mundus regatur?
- Weißt Du nicht, mein Sohn, mit wie wenig Weisheit die Welt regiert wird? Dem schwedischen Kanzler Axel Oxenstierna (1583-1654) fälschlich zugeschriebene Äußerung, die er 1648 gegenüber seinem Sohn getan haben soll. Vielleicht auf einen Ausspruch Papst Julius III (reg. 1550-55) zurückgehend ⟨vgl. BÜCHMANN 1942, 477⟩. Auch zitiert: *... regatur orbis.*

An Petrus fuerit Romae, sub judice lis est;
Simonem Romae nemo fuisse negat
- Ob Petrus in Rom war, ist strittig; daß Simon in Rom war, bestreitet niemand. Epigramm, mit dem John Owen, 180, Kritik am Ämterkauf (Simonie) des Klerus übte.

An vivere tanti est?
- Bedeutet es so viel zu leben? Zitiert von M. E. de Montaigne, 3, 13. *Non est tanti* zitiert J. Boswell, Tagebuch v. 22. - 27. 10. 1765.

Animal disputax
- Das Dispu-Tier. Bezeichnung eines guten Dialektikers bei Jobst Sackmann (1643-1718), Plattdütsche Predigten, Leipzig (1912), 22.

Animal risibile
- Das Tier, das lachen kann. Ältere philosophische Definition des Menschen ⟨vgl. B. Castiglione, 2, 45⟩. Zitiert von Tob. Smollett (1721-71), Roderick Random, London 1967, 92.

Animus in consulendo liber
- Der Geist sei in der Beratung frei. Wahlspruch der NATO nach Sallust (Cat. 52, 21). Im Sitzungssaal in Brüssel angebracht.

Annis mille jam peractis ...
Siehe *Multis annis ...*

Annuit coeptis
- Er billigte unser Beginnen. Inschrift unter dem 'Auge Gottes' im Großen Siegel der Vereinigten Staaten. Nach Vergil (Aen. 9, 625).

Annus horribilis
- Ein schreckliches Jahr. Von Königin Elisabeth II von England in ihrer Weihnachtsansprache 1992 aus der Zuschrift eines mitfühlenden Bürgers zitierte Bezeichnung des Jahres 1992, in dem die Ehen ihrer Söhne Charles und Andrew zerbrachen und Schloß Windsor in Brand geriet.

Annus mirabilis
- Ein wundersames Jahr. Zeitgenössische Bewertung des Jahres 1492, weil es innerhalb kurzer Zeit eine Reihe wichtiger Ereignisse in Spanien brachte: Die Befreiung Granadas von der Maurenherrschaft, die Vertreibung der Juden, die Unterzeichnung des Vertrages mit Kolumbus, der die Bedingungen für seine Fahrt nach Indien festlegte. Im selben Jahr empfing Isabella von Kastilien den Humanisten Antonio de Nebrija, der ihr eine Grammatik der kastilischen Sprache vorlegte ⟨Bernard Vincent, Das Jahr der Wunder, Berlin 1992⟩. Auf den Un-

tergang der spanischen Armada im Jahre 1588 wurde eine angebliche Weissagung des Regiomontanus (Joh. Müller 1436-76) bezogen: *Octogesimus octavus mirabilis annus*. Die von G. Bruschius 1583 erweitert 1625, 35. *Annus mirabilis* ist auch Titel eines Gedichts von John Dryden (1631-1700) zur Erinnerung an den großen Brand von London im Jahre 1666.

Ante regem move pedem: ante reginam noli movere pedinam
- Ziehe (zuerst) mit dem Königs-, nicht mit dem Damenbauern. Ältere Schachregel <FUMAGALLI 1975>.

Antemurale Christianitatis
- Bollwerk der Christenheit. Seit dem 16. Jh. auf Kroatien, Ungarn und Polen bezogener Ehrentitel im Hinblick auf die Abwehr osmanischer Expansionsbestrebungen.

Apelles post tabulam
- Apelles hinter dem Gemälde, d. h. als Horcher an der Wand. Redensart, die auf eine Anekdote über den griechischen Maler Apelles (4. Jh.) zurückgeht, der Urteile über seine Werke unbemerkt erlauscht haben soll <FASEL 1859>. *Apelles latens post tabulam* war auch Titel einer Schrift, unter dem der Augsburger Ratsherr Markus Welser (*1558) drei von Christoph Scheiner (1573-1650) an ihn gerichtete Briefe über die Entdeckung der Sonnenflecken 1612 erscheinen ließ, welche Anlaß zum Prioritätsstreit mit Galilei gaben.

Aperte mala cum est mulier, tum demum est bona
- Wenn Frauen sich als schlecht bekennen, / dann sind sie endlich gut zu nennen. Gegen weibliche Hypokrisie gerichteter Hexameter <QUOTATIONS 1865>.

Apologia pro vita sua
- Verteidigungsschrift für sein Leben. Titel der 1864 erschienenen Autobiographie des Kardinals John Henry Newman (1801-90).

Approximavit sidera
- Er brachte die Sterne näher. Grabschrift des Optikers Joseph v. Fraunhofer (1787-1826). Der Grabstein auf dem Südlichen Friedhof in München wurde im 2. Weltkrieg zerstört. Siehe *Vicina sidera fecit*.

Aprilis pluvius, ventosusque Majus copiam indicant
- Ein verregneter April und ein windiger Mai künden reiche Ernte.
Wetterregel 〈ARTHABER 1972〉.

Aquas disjungo - populos conjungo
- Die Wasser scheide ich, die Völker verbinde ich. Inschrift auf einem Grenzstein am Brenner 〈VOSSEN 1978, 157〉.

Aquila non capit muscas
- Ein Adler fängt keine Fliegen. Die Herkunft des Sprichworts, das den Adler als König der Vögel ausweist, ist ungeklärt 〈BARTELS 1992〉.

Aquis submersus
- Er ist ertrunken. Grabschrift für den Sohn eines Pastors Bonnix in der Kirche des nordfriesischen Drelsdorf (1656). Durch sie wurde Theodor Storm (1817-88) zur gleichnamigen Novelle (1877) angeregt.

Ara, caput, draco, mons, pons, Vulpecula turris
Weigeliana domus: septem miracula Jenae.
Zwei Hexameter als Merkverse für die Sehenswürdigkeiten Jenas, wozu besonders der Fuchsturm als Rest der alten Burg Kirchberg und das Haus des Astronomen und Mechanikers Erhard Weigel (1625-90) gehörten, das mit wunderlichen Maschinen und Erfindungen versehen war.

Arbor vitae Christus; fructus per fidem gustamus
- Christus ist der Baum des Lebens; die Früchte genießen wir durch den Glauben. Devise der Fruchthändlerinnung in London.

Argumentum ad ...
Häufige neulateinische Formulierung von Beweisgründen.

Argumentum ad absurdum
- Ein Argument zum Beweis der Unsinnigkeit 〈QUOTATIONS 1865〉.

Argumentum ad crumenam
- Ein selbstsüchtiges Argument 〈BENHAM 1948〉.

Argumentum ad hominem
- Ein personenbezogenes Argument. Früher in der Bedeutung eines Beweises, der von den ausgesprochenen Grundsätzen oder der Handlungsweise des Gegners selbst hergenommen ist. Zitiert von J. Locke, Essay concerning human understanding, 1690, 4, 17, 22.

Argumentum baculinum
- Ein Argument mit Gewalt, ein schlagender Beweis. Zitiert von John Dryden (1631-1700), Amphytrion 1, 1 (1690).

Arma pacis fulcra
- Die Waffen sind die Stützen des Friedens. Devise der englischen Artillerie ⟨KREBS 1896⟩.

Ars artium omnium conservatrix
- Die Kunst, die alle Künste bewahrt, d. h. die Druckkunst. Teil einer Inschrift an einem Haus in Haarlem (Niederlande), das Laurens Coster bewohnte, der einer der Erfinder des Druckens mit beweglichen Lettern gewesen sein soll. Die von ihm geheimgehaltene Erfindung soll ihm von einem Arbeiter namens John Fust gestohlen worden sein. Die Inschrift lautete: *Memoriae Sacrum. Typographia Ars Artium Omnium Conservatrix Hic Primum Inventa Circum Annum MCCCCXL*. Vgl. Franz Stock, Die ersten deutschen Buchdrucker in Paris um 1500, Freiburg i. B. 1940, 28.

Ars est celare artem
- Die Kunst besteht darin, daß man sie verbirgt. Ähnlich gebildet das Rechtssprichwort: *Fraus est celare fraudem* ⟨BENHAM 1948⟩.

Ars est sine arte, cuius principium est mentiri, medium laborare, et finis mendicare
- Es ist eine Kunst ohne Kunst: Am Anfang lügt man, in der Mitte müht man sich ab und schließlich geht man betteln. Sprichwörtlich von der Alchemie ⟨BENHAM 1948⟩.

Ars gratia artis
- Die Kunst um der Kunst willen. Der in aller Regel nachgestellten 'gratia' wegen unkorrekte Übersetzung des französischen Sprichworts "L'art pour l'art". Devise des 1924 gegründeten amerikanischen Filmunternehmens Metro-Goldwyn-Mayer Inc.

Ars longa, vita aeterna
- Die Kunst ist lang, das Leben ewig. Inschrift der Aula in der Universität Königsberg. Variante des nach einem Spruch des Hippokrates gebildeten Sprichworts *Ars longa vita brevis.*

Ars sterilis
- Die brotlose Kunst ⟨BUCHLER 1613⟩.

Arte et labore
- Mit Kunst und Mühe. Wahlspruch des französischen Malers Eustache Le Sieur (1617-55) ⟨DIELITZ 1883⟩.

Artem non odit nisi ignarus
- Die Kunst haßt nur der Unkundige. Inschrift am Neuen Museum in Berlin.

Artibus immensis urbs fulget Massiliensis
- Durch unermeßliche Künste glänzt die große Stadt Marseille. Leoninischer Hexameter, Devise der Stadt Marseille ⟨FUMAGALLI 1975⟩.

Artificem commendat opus
- Das Werk empfiehlt den Meister ⟨SEPP 1885, 1⟩.

Asmus omnia sua secum portans
- Asmus alles Seine mit sich tragend. Verfasserangabe auf dem Titelblatt von Matthias Claudius' 'Wandsbecker Bothen' (Hamburg 1775). Die Bedeutung von 'Asmus' ist umstritten. Das Pseudonym wird von Erasmus abgeleitet oder wahrscheinlicher von gr. ἄσημος, unbekannt, unbedeutend (Stephan Speicher in FAZ v. 11. 8. 1990). Ciceros Fassung *Omnia mecum porto mea* (Paradoxa 1, 1, 8) geht auf ein vom griechischen Philosophen Bias (um 570 v. Chr.) überliefertes Wort zurück ⟨vgl. BARTELS 1992⟩.

Aspera res prima est, sed fert industria laudem
- Schwierig der Anfang, doch Fleiß bringt Lob. M.-A. Muret zugeschriebener Hexameter ⟨SEPP 1885, 83⟩.

Aspice nudatas, barbara terra, nates
- Sieh, barbarisches Land, mein Hinterteil, das entblößte. Pentameter.

Angeblicher Ausruf des Humanisten Antonio Campano, Bischofs von Crotone, der als Gesandter des Papstes 1471 aus Deutschland heimkehrte, ohne Türkenhilfe erlangt zu haben, und sich an der Grenze nach Italien aus Verachtung über die allgemeine Unwissenheit der Deutschen entsprechend entblößt haben soll ⟨FUMAGALLI 1975; FRIED 1889⟩.

Attempto
- Ich wag's. Wahlspruch des Grafen Eberhard im Bart von Württemberg (1445-96). Angebracht über dem Portal der Neuen Aula der von ihm 1477 gestifteten Universität Tübingen.

Auctoris aliud agentis parva auctoritas
- Gering ist das Ansehen eines Lehrers, der sich (selbst) anders verhält. 1605 zitiert von Fr. Bacon, The advancement of learning, London 1950, 217.

Auctoritas, non veritas facit legem
- Die Autorität, nicht die Wahrheit macht das Gesetz. Grundsatz des englischen Philosophen Thomas Hobbes (1588-1679). Der Vorwurf, er habe die Verbindlichkeit des Rechts von der Autorität des Staates abhängig gemacht, ist gegen Hobbes zu Unrecht erhoben worden. *Auctoritas* bedeutet, daß das Recht verläßlich ist, weil es staatliches Recht ist, gegen das man sich auf keine andere Autorität berufen kann ⟨Th. Hobbes, Dialog zwischen einem Philosophen und einem Juristen über das englische Recht, hrsg. v. B. Willms, Weinheim 1992⟩.

Audacter calumniare, semper aliquid haeret
- Verleumde nur kühn, etwas bleibt immer hängen. Der meist nur mit der zweiten Hälfte zitierte Rat findet sich sinngemäß bei Plutarch, Über den Schmeichler und den Freund, c. 24. In lateinischer Form schon sprichwörtlich 1605 bei Fr. Bacon, The advancement of learning, London 1950, 195. Bei Joh. Olorinus Variscus, Ethnographia mundi, 1608, in der Fassung: *Calumniare audacter, semper aliquid haeret* ⟨BÜCHMANN 1972⟩.

Aude audenda
- Wage, was gewagt werden muß. Wahlspruch des Grafen Reinhard von Sultz (+ 1500) ⟨KREBS 1896⟩.

Aude quod times, time quod audes
- Wage, was Du fürchtest, fürchte, was Du wagst. Zitiert von G. Chr. Lichtenberg, 2, 41.

Audi, vide, tace, si vis vivere in pace
- Wer in Frieden leben will, der höre, schaue, schweige still. Als Stammbuchvers 1701 in Tübingen belegt <KEIL 1893, 219>. Auch verkürzt: *Audio, video, taceo* (1742) <KEIL 1893, 209>.

Auditus cui hominum primo negatus,
huic et sermonis usus ablatus
- Wer von Geburt nicht hören kann, dem ist auch der Gebrauch der Rede versagt <SEPP 1885, 52>.

Aurea libertas nullo mercabilis aere;
conveniens homini, non tribuenda feris
- Goldene Freiheit, um kein Geld zu kaufen; dem Menschen schicklich, wilden Tieren nicht gebührend. Distichon als Inschrift am Rathaus in Danzig.

Aurora Musis amica
- Die Morgenröte ist eine Freundin der Musen <SEPP 1885, 1>. Gebraucht im Sinne des Sprichworts 'Morgenstunde hat Gold im Munde', das als wörtliche Übersetzung eines etymologischen Merkverses 'Aurora habet aurum in ore' geprägt worden sein soll. 'Mund' ist jedoch wie 'Mündel' vom älteren 'munt' abzuleiten, so daß sich die Bedeutung von 'Gold in der Hand' nahelegt.

Auspicium melioris aevi
- Verheißung einer besseren Zeit. Devise des 1818 gestifteten großbritannischen St. Michaelis- und St. Georg-Ordens <KREBS 1896>.

Austriae est imperare orbi universo (A.E.I.O.U.)
- Alles Erdreich ist Österreich untertan. Wahlspruch des Hauses Habsburg, vielleicht zurückgehend auf Kaiser Friedrich III (1440-93).

Aut Caesar aut nihil
- Cäsar oder nichts. Inschrift unter einer Büste Gaius Julius Caesars, die Cesare Borgia (1475-1507) zu seinem Wahlspruch machte. Als solcher schon von Ladislaus von Anjou, König von Neapel (reg. 1386-

1414) gebraucht ⟨KREBS 1896⟩. Vorbild war wohl das durch Sueton (Cal. 37) von Caligula überlieferte Wort: *Aut frugi hominem esse oportere aut Caesarem*, man müsse entweder sparsam sein oder ein Cäsar ⟨vgl. BÜCHMANN 1972⟩.

Aut Erasmi aut Diaboli
- Von Erasmus oder vom Teufel. Rühmende Bezeichnung eines vorzüglichen Buches ⟨QUOTATIONS 1865⟩. *Aut Erasmus aut Diabolus* soll Thomas Morus bemerkt haben, als er Erasmus zum erstenmal begegnete. Das Zitat erwähnt James Boswell, Tagebuch v. 31. 12. 1764.

Aut fuit, aut veniet; nihil est praesentis in illa:
Morsque minus poenae, quam mora mortis, habet
- Entweder ist er vorbei oder er wird kommen, in ihm ist nichts Gegenwärtiges, und der Tod hat weniger Pein als das Warten auf ihn. Der Hexameter stammt aus einer Satire des französischen Staatsmanns und Schriftstellers Étienne de la Boétie (1530-63), der Pentameter von Ovid (Her. 10, 82). Zitiert von M. E. de Montaigne, 1, 40.

Aut tace aut loquere meliora silentio
- Schweige oder sage nur, was besser ist als Schweigen. Inschrift auf einem Selbstportrait des italienischen Malers Salvator Rosa (1615-73) in der Londoner Nationalgalerie. Lateinische Fassung eines Zitats aus den 'Sentenzen in Monostichen' des griechischen Komödiendichters Menander. Wahlspruch des Soziologen Arnold Gehlen (1904-76).

Avarus non implebitur
- Der Geizige wird nimmer satt. Wahlspruch des Papstes Innozenz XI (1611-89) ⟨DIELITZ 1883⟩.

Avenio ventosa, sine vento venenosa, cum vento fastidiosa
- Avignon ist windig, ohne Wind giftig, mit Wind widerwärtig ⟨FUMAGALLI 1975⟩. Auch von anderen Städten sprichwörtlich: *Wien ist entweder windig oder giftig* ⟨K. Simrock, Die deutschen Sprichwörter, Frankfurt/M. 1846, 552⟩.

Avida est periculi virtus
- Tapferkeit giert nach Gefahr. Wahlspruch des Grafen Georg Ludwig
v. Schwarzenberg (+ 1646) ⟨DIELITZ 1883⟩.

**Balnea, census, amor, lis, alea, crapula, clamor
impediunt multum Herbipoli studium**
- Bäder, Steuern, Liebe, Streit, Würfel, Rausch, Geschrei behindern
sehr das Studium in Würzburg. Klage des Humanisten Johannes Tri-
themius (1462-1516) in den Annales Hirsaugienses über die Studienbe-
dingungen in Würzburg ⟨SEPP 1885, 103⟩.

**Balnea, vina, Venus corrumpunt corpora nostra,
sed vitam faciunt balnea, vina, Venus**
- Wein, Bad und Liebe soll dem Leibe schädlich sein: / doch wird
das Leben froh durch Liebe, Bad und Wein. Gesundheitsregel ⟨BÜ-
CHELER, Carmina Latina, 1499⟩. Von Martin Opitz (1597-1639) konge-
nial übersetzter sog. Versus serpentinus, bei dem sich Kopf- und
Schwanzstück berühren wie bei einer Schlange, die sich beißt ⟨WEIS
1976, 93⟩.

Beati monoculi in regione caecorum
- Gesegnet sind die Einäugigen im Land der Blinden. Zitiert von
Friedrich dem Großen (1712-86). Thomas Carlyle, History of Frederick
the Great, 1857-65, 4, 11.

**Bella gerant alii, tu felix Austria, nube!
Nam quae Mars aliis, dat tibi regna Venus**
- Andere mögen Kriege führen, Du, glückliches Österreich, heirate!
Denn was anderen der Mars gibt, gibt Dir die Venus. Auf die er-
folgreiche Heiratspolitik Kaiser Maximilians I (reg. 1493-1519) ge-
münztes Epigramm eines unbekannten Autors des 15. Jh., das dem
ungarischen König Matthias Corvinus (reg. 1458-90) fälschlich zugeschrieben wurde. Der Anfang findet sich bei Ovid: *Bella gerant alii,
Protesilaus amet* (her. 13, 84). *Felix Austria* findet sich schon auf einem Siegel Herzog Rudolfs IV (reg. 1358-65) vom Jahre 1363 ⟨vgl.
BÜCHMANN 1972⟩.

Bellum omnium contra omnes
- Krieg aller gegen alle. Angeblich vorstaatlicher Zustand der Menschen, in Anlehnung an Formulierungen von Platon und Dion Chrysostomos behauptet von Thomas Hobbes (1588-1679), De cive, 1642, 1, 12: *Bellum omnium in omnes.*

Belua multorum capitum
- Das vielköpfige Ungeheuer. Sprichwörtlich vom Pöbel 〈BENHAM 1948〉.

Beneficia in commune collata omnes accipiunt et nemini gratificantur
- Für die Allgemeinheit aufgebrachte Wohltaten erhalten alle und keiner erweist sich dankbar. Angebliche Inschrift eines in Sardinien auf Kosten von Einwohnern errichteten Glockenturms 〈FUMAGALLI 1975〉.

Benignior sententia in verbis generalibus seu dubiis est
- Bei allgemeinen oder zweifelhaften Worten ist die günstigere Bedeutung vorzuziehen. Rechtsgrundsatz 〈BENHAM 1948〉.

Bernardus valles, montes Benedictus amabat,
oppida Franciscus, celebres Ignatius urbes
- Bernhard liebte die Täler, Benedikt die Berge, Franziskus die Städte, Ignatius die Metropolen. Merkvers für die Niederlassung katholischer Orden 〈SEPP 1885, 128〉.

Berolinum orbi lumen
- Berlin, Licht der Welt. Von Johannes Kayser (1654-1721), einem evangelischen Pfarrer zu Kleve, verfaßtes Anagramm, das dieser in seinem "Parnassus Clivensis oder Clevischer Musen-Berg", Kleve 1698, veröffentlichte. Dessen erster Teil enthält hundert mehr oder minder elegante Anagramme. Sein Lob der von ihm 1688 besuchten Stadt rechtfertigte Kayser mit dem Distichon: *Quotidie accrescens, Berolinum lumen es Orbi, / Inque Tuo Caelo sidera multa nitent* 〈vgl. BÜCHMANN 1972; A. Fritsch in: Latein und Griechisch in Berlin, 30, 1986, 39-42〉.

Bibite, fratres, bibite, ne diabolus vos otiosos inveniat
- Trinkt, Brüder, trinkt, damit Euch der Teufel nicht untätig finde. Scherzhafte Ermahnung eines deutschen Mönchs, wohl angeregt

durch Hieronymus: *Facito aliquid operis, ut te semper diabolus inve-niat occupatum* ⟨FUMAGALLI 1975⟩.

Bibliotheca subterranea
- Unterirdische Bibliothek. Inschrift an einem Weinkeller ⟨WEIS 1976, 124⟩.

Bona terra, mala gens
- Gut Land, bös Leut. Zitiert von W. Shakespeare, Henry IV, 2, 4, 7. Übersetzt von Martin Luther ⟨EISELEIN 1838⟩.

Bonum auget, malum minuit
- Das Gute vermehrt, das Böse verzehrt. Wahlspruch des Papstes Clemens X (1590-1676) ⟨DIELITZ 1883⟩.

Bonum magis carendo quam fruendo cernitur
- Das Gute wird eher wahrgenommen, wenn man es entbehrt, als wenn man es genießt ⟨QUOTATIONS 1865⟩.

Bos, cos, dos, flos, glos, mos, os, ros oeconomiam mira cum primis dexteritate juvant.
Distichon auf den Nährstand ⟨WEIS 1976, 69⟩.

Brevis oratio penetrat caelos, longa potatio evacuat scyphos
- Ein kurz' Gebet gen Himmel fährt, ein langer Trunk den Humpen leert. François Rabelais (ca 1490-1553), Gargantua et Pantagruel, 1, 41. Das Sprichwort: *Brevis oratio penetrat caelum* schon zitiert in Piers Plowman, W. Langland, 1362.

Bruta non numerant
- Die Tiere zählen nicht. Zweideutiges Motto der 1794 in Leipzig er-schienenen 'Zahlenlehre der Natur' des Karl von Eckartshausen (1752-1803). Zitiert von Ernst Jünger, Siebzig verweht, Stuttgart 1981, 2, 359.

Cacatio matutina est tamquam medicina
- Die morgendliche Leibesentleerung ist so gut wie Medizin. Gesundheitsregel ⟨MALL 1988, 23⟩.

Cacatum non est pictum
- Geschissen ist nicht gemalt. Von Gottfried August Bürger in einem gegen Christoph Friedrich Nicolai gerichteten, zuerst 1777 veröffentlichten Spottgedicht gebraucht; etwa gleichzeitig auch bei Goethe ⟨vgl. Heinz Rölleke in: Jahrbuch des Freien Deutschen Hochstifts 1989, 147-155⟩. Der Spruch fand weitere Verbreitung durch Karl Julius Weber (1767-1832), Demokritos (1832-40), 8. Aufl., Stuttgart o. J., 6, 128. Auch als Zweizeiler: *Menti infige dictum*: ... ⟨MALL 1988, 84⟩.

Cacoëthes carpendi
- Die Sammelsucht ⟨BENHAM 1948⟩. Ebens wie *Cacoëthes loquendi*, der Rededrang, *Cacoëthes regnandi*, die Herrschsucht (17. Jh.), gebildet nach Juvenal (7, 52): *Scribendi cacoethes.*

Caesaris et regum junxit pax aurea dextras
- Der goldene Friede verband / Kaisers und der Könige Hand. Hexameter als Inschrift einer Denkmünze auf den Westfälischen Frieden, 1648 ⟨DIELITZ 1883⟩.

Cantores amant humores. Nam bibunt,
ut relevent miserum fatum solitosque labores
- Kantoren trinken gern, um besser zu ertragen / ihr elendes Geschick und die gewohnten Plagen. Die Wortanfänge des zweiten Verses enthalten die von Guido von Arezzo gebrauchten Solmisationssilben: ut, re, mi, fa, sol, la ⟨WEIS 1976, 32⟩.

Caput mundi
- Haupt der Welt. Sprichwörtlich für Rom ⟨BENHAM 1948⟩.

Caseus ablatus convivis est male gratus:
nam sua natura non signat fercula plura
- Ist der Käse abgetragen, mag sich mancher Gast beklagen; denn man will ihm damit sagen: mehr gibts nicht für Deinen Magen ⟨MALL 1988, 100⟩.

Casta vivat, panem faciat, domum servet
- Sie lebe keusch, backe Brot und hüte das Haus. Alte Tugenden der guten Hausfrau ⟨WIEGAND 1861, 36⟩.

Castigat ridendo mores
- Sie geißelt lachend die Sitten. Motto der Pariser Comédie Italienne und der Opéra Comique, angeblich von Jean Baptiste de Santeuil (1630-97), der den Spruch für eine Büste des berühmten Harlekins Domenico Biancolelli geprägt haben soll ⟨FUMAGALLI 1896, 67⟩.

Castigo te, non quod odio habeam, sed quod amem
- Ich züchtige Dich nicht, weil ich Dich hasse, sondern weil ich Dich liebe. Leibspruch der Prügelpädagogen ⟨BENHAM 1948⟩.

Cato contra mundum
- Cato gegen den Rest der Welt ⟨BENHAM 1948⟩.

Cave a consequentiariis
- Hüte Dich vor den Prinzipienreitern. G. W. Leibniz (1646-1716) ⟨FUMAGALLI 1975⟩.

Cave ab homine unius libri
- Hüte Dich vor dem Menschen, der nur ein Buch liest. Ambivalentes Sprichwort, das in mehreren Varianten begegnet. In der Form *Timeo lectorem unius libri* von REICHERT 1956, 301, irrig Augustinus zugeschrieben. Der Grundgedanke vielleicht mittelalterlich; Ausprägung im 17. Jh. vermutet BLISS 1966, 202. Siehe A. Fritsch in: Vox Latina 1983, 309-315.

Cave, adsum!
- Hüte Dich, Ich bin da! Angeblich 1884 vom späteren Kronprinzen-Wilhelm von Preußen auf ein dem Reichskanzler O. v. Bismarck gewidmetes Photo geschrieben ⟨BENHAM 1948⟩. Zitiert von Maximilian Harden in der 'Zukunft' v. 8. 12. 1906.

Caveat emptor
- Der Käufer soll sich vorsehen. Rechtssprichwort ⟨vgl. LIEBS 1982⟩.

Cedo nulli
- Ich weiche keinem. Wahlspruch von D. Erasmus ⟨SCHOEPS o. J.⟩,

34

wohl nach dem antiken *Cedo maiori* gebildet ⟨vgl. BARTELS 1992⟩.

Cerevisiam bibunt homines ... siehe *Vina bibunt* ...

Ceterum censeo progeniem hominum esse deminuendam
- Übrigens bin ich der Ansicht, daß das Wachstum der Menschheit verringert werden müsse. Bevölkerungspolitische Maxime, die der Zoologe Bernhard Grzimek (1909–87) seinen Briefköpfen hinzusetzte. Eine der oft etwas banalen Abwandlungen der Ermahnung, die der ältere Cato allen seinen Senatsreden hinzugefügt haben soll ⟨vgl. BÜCHMANN 1972, 618⟩.

Christigena hoc pejor, Romae quo junctior urbi
- Je näher Rom, desto schlimmere Christen ⟨ARTHABER 1972⟩.

Christina aDMIrabILIs
- Bewundernswerte Christina. Chronogramm auf das Jahr 1655, in dem Königin Christine von Schweden (1626–89) in Innsbruck öffentlich zur katholischen Kirche übertrat. Ulrich Pexenfelder, Apparatus eruditionis, Nürnberg 1670, 348.

Christo in pauperibus
- Christus in den Armen. Inschrift über dem Haupteingang des Krankenhospitals zu Bern. Erwähnt von A. G. de Staël, Über Deutschland, Frankfurt/M. 1985, 129.

Christus bene coepta secundet
- Was gut angefangen wurde, möge Christus befördern. Zitiert von D. Erasmus, Colloquia Familiaria.

Cibum bonum manducando, / pedes socculis velando,
caput sedulo tegendo, / curas omnes fugiendo
- Durch Essen guter Speisen, durch das Verhüllen der Füße mit Schuhen, durch sorgsames Bedecken des Kopfes, durch die Flucht vor allen Sorgen. Rezept für ein langes Leben ⟨WEIS 1939, 1, 8⟩.

Circumstantiae rem variant
- Umstände verändern die Sache ⟨HOFFMANN 1665⟩.

Citius, altius, fortius
- Schneller, höher, stärker. Motto der Olympischen Spiele, das Pierre de Coubertin (1863-1937) um 1913 (?) von dem Dominikanerpater Didon übernahm. Vgl. Hans Lenk, Werte, Ziele, Wirklichkeit der modernen Olympischen Spiele, 2. Aufl., Schorndorf 1972, 74.

Civitas Nurembergensis - Nescis? Regina urbium est!
Anagramm zum Preise Nürnbergs ⟨WEIS 1939, 2, 32⟩.

Clarior est solito post maxima nubila Phoebus,
post inimicitias clarior est et amor
- Herrlicher strahlt als gewohnt nach finsteren Wolken die Sonne; / heller nach Feindschaft und Streit strahlt auch die Liebe erneut. Im 14. Jh. zitiert von W. Langland, XVIII.

Claustrum hoc cum patria statque caditque sua
- Dies Kloster steht und fällt mit seinem Vaterland. Pentameter als Inschrift am Tübinger Stift ⟨KEIL 1893, 24⟩.

Clavis regni
- Schlüssel des Königtums. In England Bezeichnung des 'Great Seal' ⟨QUOTATIONS 1865⟩.

Cogito, ergo sum
- Ich denke, also bin ich. Formel, mit der René Descartes (1596-1650), Principia Philosophiae, Amsterdam 1644, 1, 7 u. 10, das Denken als selbständige Substanz (res cogitans) setzte. Ähnlich bei Cicero (Tusc. 5, 111): *Vivere est cogitare.* Von verwandten Formulierungen des Augustinus hat Descartes nach eigener Angabe erst später erfahren ⟨vgl. FUMAGALLI 1896, 424⟩. Den Schluß *Non cogitant ergo non sunt* zog G. Chr. Lichtenberg, 1, 708.

Coincidentia oppositorum
- Zusammenfall der Gegensätze. Von Nikolaus von Kues (1401-64) konzipiertes Erkenntnismittel der *Docta ignorantia* ⟨vgl. RITTER 1971⟩.

Comitas inter gentes
- Die Völkerfreundschaft ⟨QUOTATIONS 1865⟩.

Commendatoria verba non obligant
- Werbesprüche verpflichten nicht ⟨FUMAGALLI 1975⟩.

Commilitoni victor caesar
- Seinem Genossen der siegreiche Kaiser. Von Napoleon I seinem Generalstabschef Marschall Berthier verliehener Wappenspruch ⟨KREBS 1896⟩.

Commoditas viarum redux
- Die Wege sind wieder frei. Devise des Papstes Clemens XII (1652-1740) ⟨DIELITZ 1883⟩.

Communiter neglegitur, quod communiter possidetur
- Was gemeinsam besessen wird, wird gemeinsam vernachlässigt ⟨BENHAM 1948⟩. Auch: .. *quod communiter agitur* ⟨ARTHABER 1972⟩.

Compulsus feci, compulsus feci
- Ich hab's unter Zwang getan. Angeblicher Ausruf, mit dem Papst Clemens XIV (1705-74) nach der von ihm verfügten Aufhebung des Jesuitenordens (1773), von Gewissensbissen geplagt, ruhelos in seinen Gemächern herumgeirrt sein soll ⟨REICHERT 1957, 383⟩.

Conciliare solent tria W nomenque, decusque
Weid, Woll und Weizen, terra Thuringa tibi
- Drei W pflegen Dir, Thüringer Land, Namen und Ehre zu gewinnen: Weide, Wolle und Weizen. Makkaronisches Distichon auf Thüringen ⟨WEIS 1939, 1, 75⟩.

Concordia domi, foris pax
- Eintracht daheim, draußen Friede. Althanseatische Inschrift am Holstentor in Lübeck ⟨ZOOZMANN o. J.⟩.

Concordia, industria, integritas
- Eintracht, Fleiß, Redlichkeit. Wahlspruch der Rothschilds.

Confirmat usum, qui tollit abusum
- Wer den Mißbrauch aufhebt, bekräftigt den Gebrauch. Rechtssprichwort ⟨BENHAM 1948⟩. Siehe *Abusus* ...

Consentientes et agentes pari poena punientur
- Die mit der Tat Einverstandenen sollen mit der gleichen Strafe bestraft werden wie die Täter. Rechtsgrundsatz, zitiert von W. Langland, XIII.

Conserit unus agrum, sed fruges demetit alter
- Einer den Acker bestellt, die Feldfrüchte erntet ein andrer. Hexameter ⟨SEPP 1885, 49⟩.

Consilio manuque
- Mit Rat und Tat. Wahlspruch des Figaro in 'Le Barbier de Séville' des P. A. Caron de Beaumarchais (1732-99).

Constanter et sincere
- Beharrlich und aufrichtig. Wahlspruch Friedrichs des Großen (1712-86) ⟨KREBS 1896⟩.

Consternabuntur Constantinopolitani
innumerabilibus vicissitudinibus
- Die Einwohner Konstantinopels werden durch unzählige Wechselfälle aufgeregt werden. Variante zu *Conturbabantur* ... ⟨FUMAGALLI 1975⟩.

Consumptus
- Aufgezehrt. Der französische Philologe Denis Lambin (Dionysius Lambinus 1520-72) stritt monatelang erbittert mit Paulus Manutius (1512-74) um die Orthographie von *consumptus.* Schließlich forderte er seinen Widersacher und verletzte ihn nicht ungefährlich ⟨Adolph Kohut, Das Buch berühmter Duelle, 3. Aufl., Berlin 1888, 189⟩.

Contra Christum cuncta consilia cadunt
- Wider Christ / fällt alle List ⟨WEIS 1976, 23⟩.

Contra negantem principia non est disputandum
- Mit jemanden, der die Streitgrundlagen ablehnt, kann man nicht streiten ⟨BENHAM 1948⟩.

Contraria contrariis curantur
- Gegensätzliches wird durch Gegensätzliches geheilt. Grundsatz der Allopathie ⟨FUMAGALLI 1891⟩.

Conturbabantur Constantinopolitani
innumerabilibus sollicitudinibus.
Den Hexameter sandten Oxforder Philologen nach Cambridge mit der
Aufforderung, ihn durch einen Pentameter zu ergänzen. Es ergab sich
ein Distichon aus vier Wörtern ⟨WEIS 1976, 90⟩. Auch: *Perturbabun-*
tur ... Siehe auch *Consternabantur* ...

Conubia sunt fatalia
– Ehen werden im Himmel geschlossen ⟨STEINMEYER 1615, 8a⟩.

Convoco signo noto compello concino ploro
arma dies horas fulgura festa rogos
– Ich rufe zu den Waffen, bezeichne die Tage, kennzeichne die Stun-
den, verjage die Blitze, verherrliche Feste, beweine die Gräber. Als
Inschrift auf Glocken vorkommender Spaltvers (*convoco arma* etc.)
⟨MALL 1988, 73⟩.

Cor cordium
– Herz der Herzen. Inschrift auf der Urne des wegen Pestgefahr cre-
mierten Dichters Percy Bysshe Shelley (1792-1822) auf dem Protestantischen Friedhof in Rom ⟨MALL 1988, 23⟩.

Cor et mentem colere nitimur
– Wir streben danach, Herz und Geist zu pflegen. Inschrift an einer
Schule in Marquise (Frankreich) ⟨BENHAM 1948⟩.

Cor primum vivens et ultimum moriens
– Das Herz ist das erste, was lebt, und das letzte, was stirbt. Albrecht v. Haller (1708-77), Elementa physiologiae corporis humani,
30, 2, 23. Zitiert von A. Schopenhauer, 2, 296.

Corpus delicti
– Der Gegenstand des Vergehens. Bezeichnung des Tatbestandes
durch den römischen Juristen Prosper Farinacius (1544-1613), Variae
Quaestiones, Frankfurt 1670/76, 1, 6 ⟨BÜCHMANN 1972, 597⟩. Spätere
Bedeutungsverengung zum (entscheidenden) Beweisstück.

Corrige praeteritum, praesens rege, cerne futurum
– Verbessere das Vergangene, beherrsche die Gegenwart, fasse die

Zukunft ins Auge. In Tübingen 1601 belegter Stammbuchspruch ⟨KEIL 1893, 89⟩.

Corruptio optimi pessima
- Die moralische Verderbnis des Besten ist die schlimmste ⟨QUOTA-TIONS 1865⟩. Siehe *Abusus optimi* ...

Cras, cras, semper cras! At sic elabitur aetas!
- Morgen, morgen immerzu: so verrinnt die Zeit im Nu ⟨SEPP 1885, 84⟩.

Crede Byron
- Vertraue auf Byron. Wahlspruch von Lord Byron (1788-1824). Sprichwörtlich für Zitate aus Byrons Schriften, die zur Bestätigung einer Behauptung angezogen werden ⟨QUOTATIONS 1865⟩.

Creditur virgini se praegnantem asserenti
- Einer Jungfrau, die geltend macht, sie sei schwanger, wird geglaubt. Paradox formuliertes Rechtssprichwort ⟨LIEBS 1982⟩.

Crescam et lucebo
- Ich werde wachsen und glänzen. Wahlspruch der französischen Stadt Roanne ⟨DIELITZ 1883⟩.

Crescunt anni, decrescunt vires
- Die Jahre nehmen zu, die Kräfte schwinden ⟨KRÜGER 1981, 446⟩.

Crevit et a Sinis fert nomen plantula. Liber a vitiis, si TE nosse studebis, eris
- Ein Pflänzchen wuchs, in China ist's benannt, / von Lastern frei ist, wer sich selbst erkannt. Doppeldeutiges Distichon des Jesuiten Karl Klein über die Wirkung des Tees ⟨WEIS 1939, 1, 22⟩.

Cuius est dare, eius est disponere
- Wer gibt, darf verfügen. Rechtssprichwort ⟨FUMAGALLI 1975⟩.

Cuius est instituere, eius est abrogare
- Wer einrichtet, darf abschaffen. Rechtssprichwort ⟨FUMAGALLI 1975⟩.

Cuius regio, eius religio
- Wes das Land, des der Glaube. Im Augsburger Religionsfrieden (1555) vereinbarter Grundsatz, wonach den Landesherren das Recht eingeräumt wurde, die Konfession ihrer Untertanen zu bestimmen. Die Formel wurde erst nachträglich von dem Greifswalder Kanonisten Joachim Stephani geprägt. Auf dem Reichstag zu Augsburg entstand die von den Katholiken durchgesetzte Maxime: *Ubi unus dominus, ibi una religio* - Wo nur ein (einziger) Herrscher (ist), da (sei) nur ein einziger Glaube <BARTELS 1992>.

Cum finis est licitus, etiam media sunt licita
- Wenn der Zweck erlaubt ist, sind auch die Mittel erlaubt. Hermann Busenbaum SJ (1600-68), Medulla theologiae moralis, 1652, 4, 3. Grundlage des Sprichworts 'Der Zweck heiligt die Mittel'. Busenbaum schloß allerdings verwerfliche Mittel aus.

Cum grege non gradior
- Ich laufe nicht mit der Herde. Alliterierender Wahlspruch der Borghese.

Cum moritur dives, concurrunt undique cives;
pauperis ad funus vix est ex millibus unus
- Liegt der reiche Mann im Sterben, eilen viele, was zu erben; ist der arme Mann am End', kommt kaum einer hergerennt. Zitiert von R. Burton, 1, 2, 4, 6.

Cum hoc vel post hoc, ergo propter hoc
- Damit oder danach, folglich deswegen. Logischer Fehlschluß auf ein Kausalverhältnis <FUMAGALLI 1975>.

Cum sunt matura, breviter pira sunt ruitura
- Sind sie reif geworden kaum, fallen Birnen bald vom Baum. Leoninischer Hexameter <SEPP 1885, 68>.

Cum tumulum cernis, cur non mortalia spernis?
- Wenn Du das Grabmal vor Augen hast, warum verachtest Du das Zeitliche nicht? Leoninischer Hexameter <GARTNER 1574>.

Currens per prata non est lepus esca parata
- Hüpft der Hase durch die Wiesen / kannst du ihn noch nicht genießen. Leporinischer Hexameter <SEPP 1885, 114>.

Da fidei, quae fidei sunt
- Gib dem Glauben, was des Glaubens ist. Fr. Bacon, On the advancement of learning, 1605, II. Nach der Vulgata (Matth. 22, 21): *Reddite ergo, quae sunt Caesaris, Caesari.*

Da mihi animas, cetera tolle
- Gib mir die Seelen, nimm den Rest. Jesuitenspruch <KRÜGER 1981, 447>.

Da mihi, praeceptor, veniam secreta petendi
- Gib mir, Präzeptor, Erlaubnis, zum heimlichen Örtchen zu streben. An der Fürstenschule zu Meißen bis ins 20. Jh. übliche Schülerbitte um Aufsuchung der Hausgelegenheit, die der Präzeptor mit einem *'I pede fausto!'* (Horaz epist. 2, 2, 37) zu gewähren pflegte.

Daemon languebat, melior tunc esse volebat;
postquam convaluit, mansit ut ante fuit
- Der Teufel war so krank und schwach, daß er Besserung versprach; / als er wiederum genesen, blieb er, wie er einst gewesen. Als 'alter Reim' zitiert von Abraham a Santa Clara (Johann Ulrich Megerle 1644-1709), Adams-Kinder, Wiesbaden 1959, 7.

Damus vitam et sanguinem.
Siehe *Moriamur pro rege nostro ...*

Dat Clemens hiemem; dat Petrus ver cathedratus;
aestuat Urbanus; autumnat Bartholomaeus
- Clemens (23. 11.) bringt den Winter, Petri Stuhlfeier (22. 2.) den Frühling; Urban (25. 5.) bringt den Sommer und Bartholomäus (24. 8.) den Herbst. W. Lindewood (+ 1446) <BENHAM 1948>.

Dat Galenus opes, dat Justinianus honores,
sed genus et species cogitur ire pedes
- Galen macht reich, viel Ehr' bringt Justinian, / doch die Grammatik
muß zu Fußen gahn. Klage über das geringe Ansehen der Philologen,
nach George Buchanan (1506-82) zitiert von R. Burton, 1, 2, 3, 15. Als
Pentameter begegnen auch: *At nos grammatici turba misella sumus*
⟨GOSSMANN 1844⟩, sowie: *Inter utrumque friget pauper Aristoteles*
⟨WEIS 1976, 11⟩ und *pauper Aristoteles cogitur ire pedes* ⟨SEPP 1885,
53⟩.

De gustibus non (est) disputandum
- Über die Geschmäcker läßt sich nicht streiten. Sprichwort unklarer
Herkunft. Andere Fassung: *De gustibus et coloribus non est dispu-
tandum* ⟨FASEL 1858⟩.

De hoc multi multa, omnes aliquid, nemo satis
- Darüber haben viele vieles, alle etwas und hat niemand genug ge-
sagt. Von englischen Autoren gebraucht zur Rechtfertigung erneuter
Behandlung eines bekannten Gegenstandes ⟨BENHAM 1948⟩.

De mortuis nil nisi bunkum.
Scherzhafte Abwandlung des auf antike Vorbilder zurückgehenden *de
mortuis nil nisi bene* durch Johann Burkhard Mencken (1674-1732).
Bunkum ist wohl von engl. buncombe abzuleiten, das redensartlich
im amerikanischen Congress für etwas Unnützes gebraucht wurde.

De non apparentibus et de non existentibus eadem est ratio
- Von nicht erscheinenden und nicht bestehenden Dingen gilt das
Gleiche. Grundsatz der Logik. Umgekehrt: *De non existentibus ...* zi-
tiert von Samuel Johnson (1709-84). J. Boswell, Dr. Samuel Johnson,
Zürich 1981, 316.

De occultis non judicat ecclesia
- Über verborgene Sünden richtet die Kirche nicht. Lehrsatz des ka-
nonischen Rechts ⟨SCHAMEL o. J.⟩.

De omni re scibili et quibusdam aliis
- Über alles, was man wissen kann, und einiges andere. Zurückgeführt auf Giovanni Pico de Mirandola (1463-94), der sich 1486 in Rom
erbot, 900 Thesen zu verteidigen. In der 11. These rühmte er sich,

vermittels der Zahlen *'ad omnis scibilis investigationem et intellectionem'* zu gelangen. Die Formulierung wurde von Voltaire ungenau zitiert und später scherzhaft erweitert. Öfters auch in der Form: *De omnibus rebus ...* ⟨FUMAGALLI 1896⟩.

De omnibus aliquid, de toto nihil
- Von allem etwas und vom Ganzen nichts ⟨BUCHLER 1613⟩. Auch zitiert: *In omnibus aliquid, in toto nihil.* Epistulae virorum obscurorum, 1556, 2, 4.

De omnibus dubitandum
- An allem ist zu zweifeln. Der Satz steht am Anfang des 1628/29 entstandenen Hauptwerks von René Descartes (1596-1650), Meditationes de prima philosophia, in qua Dei existentia et animae immortalis demonstratur, 1641. 'Lieblingsmotto' von Karl Marx (Marx-Engels-Werke 31, 597).

De propaganda fide (et exstirpandis haereticis)
- Zur Verbreitung des Glaubens (und zur Ausrottung der Ketzer) ⟨QUOTATIONS 1865⟩. Bezeichnung einer von Papst Gregor XV 1622 in Rom gegründeten Kongregation zur Verbreitung des Katholizismus unter den Heiden und zur Ausrottung der Ketzer.

Deciduos lapides, stellarum fragmina, caelo devcocat et monstrat, quos struit arte, sonos
- Chladni rufet die Stein' als Sternengebröckel vom Himmel, / zeigt auf Scheiben des Tons Schwingungen, die er erschuf. Epigramm auf den Physiker Ernst Chladni (1756-1827), zitiert von C. F. Becker in: Denkmäler verdienstvoller Deutschen, Leipzig 1829, 5, 63. Das Distichon bezieht sich auf Chladnis Untersuchungen über die Bildung der Meteorsteine und auf seine Experimente zur Akustik.

Deficiente pecu-, deficit omne -nia
- Mangelt im Beutel die Bar- / mangelts an jeglichem -schaft. Pentameter bei Fr. Rabelais, 2, 41.

Delegata potestas non potest delegari
- Übertragene Machtbefugnis darf nicht weiter übertragen werden. Rechtssprichwort ⟨BENHAM 1948⟩.

Deliramenta doctrinae
- Die Albernheiten der Gelehrsamkeit, d. h. die wilden Spekulationen von Gelehrten ⟨BENHAM 1948⟩.

Democritus - Docet risum
- Demokrit lehrt das Lachen. Anagramm auf Demokrit ⟨WEIS 1976, 47⟩.

Deo volente vanus omnis livor est et non volente vanus omnis est labor
- Wenn Gott will, ist alle Mißgunst eitel; will er nicht, ist alle Müh' vergebens. Von Martin Opitz (1597-1635) 1630 in Leipzig in ein Stammbuch geschrieben ⟨KEIL 1893, 107⟩.

Destruendo conservabis
- Durch Zerstörung wirst Du erhalten. Bezogen auf die Erfindung einer Rakete durch einen General Bormann ⟨DIELITZ 1883⟩.

Detur dignissimo
- Der Würdigste soll es erhalten. Formel zur Verleihung eines Geschenks oder Preises ⟨BENHAM 1948⟩.

Deus creavit, Linnaeus disposuit
- Gott hat's erschaffen, aber Linné hat's geordnet. Im 18. Jh. auf Carl v. Linné bezogener Spruch ⟨FUMAGALLI 1975⟩.

Deus dat, cui vult
- Gott gibt, wem er will. Zitiert von Carl v. Linné, 82.

Deus det (nobis pacem)
- Gott gebe (uns Frieden). Altes Dankgebet nach der Mahlzeit ⟨BEN-HAM 1948⟩.

Deus mare, Batavus litora fecit
- Gott machte das Meer, der Holländer die Ufer. Holländischer Spruch ⟨FUMAGALLI 1975⟩.

Deus sive natura
- Gott oder die Natur. Die Gleichung von Gott und Natur, bei Goethe: Gott-Natur, als Grundlage des pantheistischen Monismus bei B.

de Spinoza, Ethica ordine geometrica demonstrata, 1662/65, 4, Praefatio: *Ens, quod Deum, seu naturam appellamus.*

Dic cur hic
- Sage, warum Du hier bist, d. h. bedenke Deine Bestimmung. Johann
Michael Moscherosch (1601-69): Gesichte Philanders von Sittewalt,
1644, 2, (9). Siehe auch Chr. Helfer in: Lichtenberg-Jahrbuch 1992, 121.

**Dico ego, tu dicis, sed denique dixit et ille,
dictaque post toties non nisi dicta vides**
- Ich mein' dies, Du das und ein dritter meinte was andres, und
wenn Du alles nun nimmst, Meinungen sind es doch nur. Von Joh.
Wolfg. v. Goethe als Überschrift zum polemischen Teil der Farbenlehre zitiertes Distichon.

Dictum unius, dictum nullius
- Eines Mannes Rede ist keines Mannes Rede. Rechtssprichwort
⟨LEHMANN 1630⟩.

Dies si non in obligationibus ponitur, praesente die debetur
- Wenn in Verträgen kein Zahlungstermin gesetzt ist, ist die Schuld
am selben Tage fällig. Rechtsgrundsatz ⟨BENHAM 1948⟩.

Difficilis in otio quies
- Schwierig ist in der Muße die Ruhe. Zitiert von A. Schopenhauer, 4,
339.

Dii oderunt, quem paedagogum fecerunt
- Den haben die Götter gehaßt, den sie zum Schulmeister gemacht
haben ⟨WIEGAND 1861, 54⟩.

**Dillingae: nebulae, nix, nox, sed nocte sub ipsa
eminet et media sub nive Musa calet**
- Dillingen: Nebel und Schnee und Nacht, doch selbst unter dieser
ragst Du hervor und erwärmst mitten die Muse im Schnee. Distichon
Jakob Baldes (1604-68) auf die 1550 gegründete Universität Dillingen.

Disce aut discede
- Lerne oder gehe ab. Inschrift am Eton-College bei Windsor ⟨WEIS
1976, 121⟩.

Discordia fomes injuriae
- Zwietracht ist der Zündstoff des Unrechts. Wahlspruch der Herzöge von Sachsen-Weimar.

Disputandi pruritus ecclesiarum scabies
- Der Reiz zu diskutieren ist die Krätze der Kirchen. H. Wotton ⟨MALL 1988, 179⟩.

Dissimulatio errores parit, qui dissimulatorem ipsum illaqueant
- Heuchelei erzeugt Irrtümer, die den Heuchler selbst verstricken. 1605 bei Fr. Bacon, The advancement of learning, London 1950, 199.

Divide et impera
- Teile und herrsche. Politische Maxime, die vielleicht auf einen Ausspruch "Diviser pour régner" Ludwigs XI von Frankreich (reg. 1461-83) zurückgeht, der von Prosper Merimée, La chronique du règne de Charles IX, 1829, überliefert ist ⟨vgl. BARTELS 1992⟩. Später Losung der englischen Kolonialpolitik. Fr. Bacon zitiert 'Separa et impera ' in einem Brief an König Jakob I von England (1615) ⟨BENHAM 1948⟩. Auch zitiert Divide ut imperes ⟨LAROUSSE 1992, 1060⟩.

Divinum dare, humanum accipere
- Es ist göttlich zu geben, menschlich zu empfangen. Wahlspruch des Mantuaners Francesco II Gonzaga ⟨FUMAGALLI 1975⟩.

Doce, ut discas
- Lehre um zu lernen ⟨QUOTATIONS 1865⟩. Nach Seneca (epist. 7,8): Homines dum docent, discunt - Indem die Menschen lehren, lernen sie.

Docti male pingunt
- Gelehrte malen, d. i. schreiben schlecht ⟨SCHAMEL⟩.

**Doctorum famuli sunt omni tempore tardi,
sudant, quando vorant, frigescunt quando laborant**
- Die Gehilfen der Gelehrten legen sich zuviel auf die Schlingelbank; sie fressen, daß sie schwitzen, und arbeiten, daß sie dabei frieren. 1690 zitiert von E. W. Happel, 284.

Doctrina multiplex, veritas una
- Vielfältig ist die Lehre, aber es gibt nur eine Wahrheit. Devise der 1419 gegründeten Universität Rostock.

Domesticum malum
- Das häusliche Übel, d. h. die böse Ehefrau ⟨LANG 1596⟩.

Dominium a possessione coepisse dicitur
- Das Eigentumsrecht soll mit dem Besitz begonnen haben. Rechtssprichwort ⟨BENHAM 1948⟩.

Dormit aliquando jus, moritur numquam
- Das Recht schläft manchmal, aber es stirbt nie. Rechtssprichwort ⟨BENHAM 1948⟩. Ähnlich bei Edward Coke: *Dormiunt aliquando leges, numquam moriuntur.*

Dotata mulier virum regit
- Ein reiches Weib regiert den Mann ⟨MALL 1988, 22⟩.

Dubia prudenter, adversa fortiter, laeta moderate
- Zweifelhaftes klug, Widriges tapfer, Heiteres mit Maßen. In Jena 1604 belegter Stammbuchspruch ⟨KEIL 1893, 82⟩.

Duc, Zephyre exsurgens, durum cum flatibus aequor.
Hexameter, der alle Buchstaben des lateinischen Alphabets enthält ⟨WEIS 1976, 20⟩.

Dulce merum, dulcis conjux, mens conscia recti,
quid tribus his junctis dulcius esse potest?
- Rechter Sinn, ein zärtlich Weibchen und dazu ein süßer Wein, / findet man die Drei vereinigt, was kann angenehmer sein? Distichon, als Stammbuchvers 1582 in Tübingen belegt ⟨KEIL 1893, 88⟩.

Dulcia non meruit qui non gustavit amara
- Wer Bitteres nicht schmeckte, hat Süßes nicht verdient. Hexameter, den 1611 Th. Coryate, 256, als 'alten Spruch' zitiert ⟨HEMPEL 1890, 207⟩.

Dum canis os rodit, socium, quem diligit odit
- Wenn der Hund am Knochen nagt, haßt er, wer ihm sonst behagt.

Leoninischer Hexameter, zitiert von Jacob Hartlieb, De fide meretri-
cum in suos amatores, 1557.

Dum femina plorat, / decipere laborat
- Während die Frau weint, sucht sie zu betrügen ⟨WEIS 1939, 2, 11⟩.

Dum leo Martinus, tu solum doctus eras mus.
Hexameter auf Luther und Erasmus ⟨WEIS 1976, 80⟩. Ähnlich banale
Wortspiele mit *Erasmus* auch bei John Owen 1766, 17 u. 218.

Dum relego, scripsisse pudet
- Während ich es nochmal lese, schäme ich mich, es geschrieben zu
haben. Motto des ersten Gedichts von Hurdis ⟨QUOTATIONS 1865⟩.

Dum socius mingit, minge aut mingere finge
- Entwässert sich Dein Weggenosse, dann stell Dich zu ihm an die
Gosse. Anstandsregel ⟨MALL 1988, 66⟩.

Dum spiro, spero, sed dubito deinde, quis ero
- Solange ich atme, hoffe ich, doch zweifle ich dann, wer ich sein
werde ⟨GARTNER 1574⟩. Herkunft unsicher; vielleicht schon mittelalterlich. Der Grundgedanke bei Cicero (Att. 9, 10, 3): *Aegroto,
dum anima est, spes* esse dicitur.

Durabit Virtus Bellis In Secla Triumphis
Et Ius Non Nervos Almaque Rura Regat
- Dauern wird der Tüchtigkeit Glanz in neuen Triumphen, welche
nach Recht, nicht nach Geld, Länder und Völker regiert. Huldigendes
Distichon mit in den Anfangsbuchstaben verstecktem Spott ⟨WEIS
1976, 32⟩.

Durans originis vis
- Die dauernde Macht unsrer Herkunft ⟨QUOTATIONS 1865⟩.

Durant virtute parata
- Die Errungenschaften der Tapferkeit bleiben. Wahlspruch des Generals Graf v. Bennigsen (1806) ⟨KREBS 1896⟩.

E pluribus unum
- Aus Mehreren Eines. Inschrift des Großen Siegels der Vereinigten Staaten ⟨vgl. URZIDIL 1964, 49⟩.

Eadem mutata resurgo
- Verändert, aber als dieselbe, richte ich mich wieder auf. Umschrift um das Bild der logarithmischen Spirale, die sich der Mathematiker Jakob Bernoulli (1654-1705) auf dem Sterbebett als Epitaph bestimmte; mit Anspielung auf die Eigenschaft dieser Kurve, daß sie ihre eigene Evolute ist.

Edo, ergo sum
- Ich esse, also bin ich. Scherzhafte Variante zu *Cogito ergo sum* ⟨BENHAM 1948⟩.

Egestas cupida rerum novarum
- Die Not ist begierig nach Revolution ⟨QUOTATIONS 1865⟩.

Ego et rex meus
- Ich und mein König. Angeblicher Ausspruch des englischen Kardinals Thomas Wolsey (1472/73-1530), des Ratgebers Heinrichs VIII. Die Authentizität bezweifelt W. L. Hertslet, Der Treppenwitz der Weltgeschichte, 9. Aufl., Berlin 1918, 491.

Ego mihi - Tu me
- Ich bin mir (selbst genug), Du (kannst) mich (mal). Inschrift am Häuschen eines Sonderlings ⟨WEIS 1976, 121⟩.

Ego solus mansi
- Ich allein bin geblieben, ich bin allein geblieben. Doppeldeutiger Wappenspruch, zitiert von Rudolf Borchardt (1877-1945).

Ego sum rex Romanus et supra grammaticam
- Ich bin römischer König und stehe über der Grammatik. Umkehrung des nach einer antiken Anekdote Kaiser Tiberius zugeschriebenen Ausspruchs: *Caesar non supra grammaticos.* Angeblich von Kaiser Sigismund (1368-1437) gebraucht, als er in der Sitzung des Konstanzer Konzils vom 29. 12. 1414 vom Kardinal von Piacenza wegen eines Solözismus (*Videte patres, ut eradicetis schismam Hussitarum*) gerügt worden sei ⟨vgl. BÜCHMANN 1972, 677⟩.

Ego tibi Romae propitius ero
- Ich werde Dir in Rom günstig sein. Worte, die Ignatius von Loyola
(1491-1556) bei einer Vision Christi gehört haben wollte, als er sich
im November 1537 auf dem Weg nach Rom mit zwei Gefährten in La
Storta befand. Erwähnt von J. G. Herder, Italienische Reise, München
1988, 157.

Egregios cumulare libros praeclara supellex:
ast unum utilius volvere saepe librum
- Treffliche Bücher zu sammeln, gewährt ein vorzügliches Rüstzeug,
nützlicher wär' es indes, öfters in eines zu sehn. Michaele Verino
(Verinus 1469?-1487?), Disticha de moribus.

Eminet, non imminet
- Er hebt sich hervor, aber droht nicht. Wahlspruch des französischen Ministers Jules Mazarin (1602-61) ⟨FUMAGALLI 1975⟩.

Eminus et cominus
- Von der Ferne und von der Nähe. Wahlspruch König Ludwigs XII
von Frankreich (1462-1515) ⟨DIELITZ 1883⟩. Übernommen vom Wappenspruch *(Cominus et eminus)* des 1393 gestifteten französischen
Ritterordens vom Stachelschwein. Bezogen auf dessen angebliche Eigenschaft, seine Stacheln nicht nur in der Nähe, sondern auch als
Wurfgeschoß in die Ferne verwenden zu können.

En ego campana nunquam pronuntio vana:
ignem vel festum, bellum vel funus honestum
- Glockenläuten kündet ab / Fest und Feuer, Krieg und Grab. Glok-
kenspruch. Leoninische Hexameter ⟨SEPP 1885, 92⟩.

Ense et aratro
- Mit Schwert und Pflug. Wahlspruch des französischen Marschalls
Thom. Rob. Bugeaud (1784-1849), der Algerien nach dem Sieg über
Abd-el-Kader (1836) befriedete ⟨KREBS 1896⟩.

Equi et poetae alendi, non saginandi
- Pferde und Dichter sollen ernährt, aber nicht gemästet werden.
Karl IX von Frankreich (1550-74) zugeschrieben ⟨BENHAM 1948⟩.

Erardus a Marka, mortem habens prae oculis vivens posuit
- Eberhardt von der Marck hat es den Tod vor Augen lebend aufge-
stellt. Inschrift auf einem Grabmal in der Kathedrale von Lüttich, an
dem der Bischof von Lüttich (+ 1528) viele Jahre vor seinem Tode
jährlich seine eigene Leichenfeier abhielt. Vgl. William Stirling, Das
Klosterleben Karls des Fünften, Dresden 1853, 232. Vielleicht nach
diesem Vorbild hat Karl V am 30. 8. 1558 im Kloster Yuste sein Lei-
chenbegängnis ausrichten lassen. Ludwig Storch, Geschichte Kaiser
Karl's des Fünften, Leipzig 1865, 267.

Eripitur persona, manet res
- Die Person vergeht, die Sache besteht ⟨FRIED 1889⟩.

Eripuit coelo fulmen sceptrumque tyrannis
- Dem Himmel entriß er den Blitz, das Szepter den Tyrannen. Von
Friedrich v. der Trenck (1726-94), nach anderen vom französischen
Minister Turgot (1727-81) verfaßte Inschrift auf einer Büste von Benjamin Franklin (1706-90), anspielend auf dessen Erfindung des Blitz-
ableiters. Nach anderer Darstellung Umschrift einer Münze, die zu
seinen Ehren geprägt wurde, als er Botschafter der Vereinigten Staaten in Frankreich war. Gebildet nach Manilius (Astron. 1. 104): *Eripu-
itque Jovi fulmen viresque tonandi* ⟨vgl. FUMAGALLI 1896, 79⟩.

Esse est percipi
- Sein ist wahrgenommen werden. Erkenntnis des englischen Philo-
sophen George Berkeley (1685-1753), der als real nur die Inhalte des
Bewußtseins, die Vorstellungen, ansah.

Esse potius quam haberi
- Mehr sein als scheinen. Wahlspruch des Astronomen Tycho Brahe
(1546-1601) ⟨DIELITZ 1883⟩. Die Lebensregel hat antike Vorbilder
⟨BÜCHMANN 1972, 763⟩.

Est bonum vinum Francicum, est melius Rhenanum,
Vinorum autem optimum est vinum Mosellanum
- Gut ist der Wein aus Frankenland und besser der vom Rhein, doch
aller Weine köstlichster, das ist der Moselwein ⟨SEPP 1885, 103⟩.

Est, est, est
- Ist, ist, ist. Das Zitat bezieht sich auf die nicht sicher datierbare, vielleicht schon mittelalterliche Geschichte von einem Deutschen (Domherr Johann Fugger aus Augsburg?), der auf Reisen in Italien einen Bedienten voranschickte, welcher ihm Schenken mit gutem Wein bezeichnen sollte ('Est bonum'). Dieser soll in der Nähe von Montefiascone so vorzüglichen Muskateller gefunden haben, daß er an die Tür der Schenke dreimal 'est' schrieb. Daselbst soll sich sein Herr dann totgetrunken haben. Sein Grab ist in S. Flaviano in Montefiascone zu sehen. Dichterische Bearbeitung des Stoffes durch Wilhelm Müller (1794-1827) und Joseph Lauff (1855-1933) ⟨FUMAGALLI 1975⟩.

Est patris nato vestem praebere cibumque
- Väter müssen den Kindern die Hülle und Fülle gewähren. Hexameter über die Unterhaltspflicht des Vaters ⟨SEYBOLD 1677⟩.

Est procerum vere procerum corpus habere
- Die Hochgestellten sollen hochgewachsen sein ⟨ZINCGREF 1683⟩.

Est tempus quando nihil, est tempus quando aliquid, nullum tempus est tamen in quo dicenda sunt omnia
- Zuzeiten soll man nichts, zuzeiten etwas, zu keiner Zeit aber soll man alles sagen. Mönchsregel ⟨BENHAM 1948⟩.

Est terra, ubi multa dicuntur sed pauca fiuntur
- Es ist ein Land, wo viel geredet wird, aber wenig geschieht. Auf England bezogen und zitiert von G. Chr. Lichtenberg, 1, 390 und 2, 578. An der zweiten Stelle von ihm der Form *'fiuntur'* wegen als 'Küchen-Latein' bezeichnet.

Esto perpetua
- Sie soll ewig sein. Letzte Worte von Paul Scarpi mit Bezug auf die Stadt Venedig. Devise der Amicable Society of London (1706) ⟨BENHAM 1948⟩.

Et feci et fregi
- Ich habe es gemacht und zerbrochen. Wahlspruch des Johannes Baptista della Porta (+ 1615), dessen Wappen eine Seidenraupe zeigte, die ihren Kokon durchbricht ⟨DIELITZ 1883⟩.

53

Et in Arcadia ego
- Auch in Arkadien (bin) ich. Vom Maler Bartolommeo Schidone (1559?-1615) auf einem im Palast Sciarra-Colonna in Rom befindlichen Gemälde unter einen am Boden liegenden Totenkopf gesetzt ⟨vgl. BÜCHMANN 1972⟩. Öfters auf Grabsteinen als Hinweis darauf, daß es auch im glücklichen Arkadien den Tod gibt. Belege bei BARTELS 1992.

Et patri et patriae
- Dem Vater und dem Vaterland. Wahlspruch König Philipps III von Spanien (1578-1621) ⟨DIELITZ 1883⟩.

Et pueri, qui nunc ludunt, nostri judices erunt
- Und die Knaben, die jetzt noch spielen, werden dann über uns richten. A. Schopenhauer im Brief an Goethe vom 11. 11. 1815, wo er diesem gegenüber seine abweichende Meinung über die Farbenlehre verteidigt.

Etiam si omnes, ego non
- Auch wenn Alle (es gutheißen), ich nicht. Wohl verkürzt nach dem scholastischen Philosophen Abaelard (1079-1142): *Si omnes patres sic, at ego non sic.* Zitiert von A. Schopenhauer, 3, 267.

Ex captivitate salus
- Heil aus der Gefangenschaft. Titel einer 1950 erschienenen Schrift des Staatsrechtlers Carl Schmitt, die seine Gedanken in der Gefängniszelle sammelte, als er auf die Entscheidung wartete, ob gegen ihn vor dem Nürnberger Gerichtshof ein Verfahren eröffnet würde.

Ex desuetudine amittuntur privilegia
- Vorrechte gehen durch Nichtgebrauch verloren. Rechtssprichwort ⟨BENHAM 1948⟩.

Ex diurnitate temporis omnia praesumuntur esse solemniter acta
- Nach Ablauf einer langen Zeit wird angenommen, daß alle Rechtsakte in gehöriger Form vorgenommen worden sind. Rechtssprichwort.

Ex facto oritur jus
- Aus dem, was geschah, entsteht Recht. Rechtssprichwort, zitiert u. a. von William Blackstone (1723-80). Auch: *Jus ex facto oritur*

a. von William Blackstone (1723-80). Auch: *Jus ex facto oritur* ⟨LIEBS 1982⟩. Prinzip der normativen Kraft des Faktischen.

Ex frugalitate ubertas
- Mäßigkeit schafft Überfluß. Wahlspruch des Kurfürsten Johann Hugo von Trier (+ 1711) ⟨DIELITZ 1883⟩.

Ex glorioso labore sincera voluptas
- Aus rühmlicher Mühe ein reines Vergnügen. Wahlspruch des Schriftstellers Nicolaus Sombart (*1923).

Ex luce lucellum
- Aus dem Licht ein kleiner Gewinn. Wortspielerisches Lob der Fenstersteuer durch den englischen Schatzkanzler William Pitt d. J. (1759-1806). Vom Schatzkanzler Robert Lowe (1811-92) als Motto für Streichholzschachteln vorgeschlagen, als die britische Regierung 1871 eine Streichholzsteuer einführte ⟨BENHAM 1948⟩.

Ex luna scientia
- Wissen vom Mond. Devise der Mannschaft der 1970 gestarteten amerikanischen Raumkapsel Apollo 13 ⟨VOSSEN 1978, 37⟩.

Ex nihilo nil fit
- Aus nichts wird nichts. Auf frühe griechische Kosmologen ⟨vgl. BARTELS 1992⟩ zurückweisender Satz, der dadurch neuere Bedeutung gewann, daß Robert v. Mayer (1814-78) von ihm ausgehend das Gesetz der Erhaltung der Kraft entwickelt hat ⟨Liebigs Annalen 42, 1842⟩.

Ex oculis, poculis, loculisque agnoscitur homo
- Aus den Augen, den Bechern, den Beuteln erkennt man den Menschen. Hexameter, als Stammbuchvers 1761 belegt ⟨KEIL 1893, 275⟩.

Ex opere gloriam
- Ruhm aus dem Werke. Wahlspruch des Kardinals Armand v. Richelieu (1585-1642) ⟨DIELITZ 1883⟩.

Ex oriente lux
- Aus dem Osten kommt das Licht. Sprichwort unklarer Herkunft; vielleicht gebildet unter dem Einfluß der Vulgata (Ezechiel 41, 2):

Ecce gloria Dei Israel ingrediebatur per viam orientalem ⟨vgl. BÜCH-MANN 1972, 410⟩.

Ex oriente lux, ex occidente lex
- Aus dem Osten kommt das Licht, aus dem Westen das Recht, d. h. die richtungsgebende Kraft ⟨BENHAM 1948⟩. Siehe *Ex oriente lux.*

Ex oriente lux, ex occidente luxus
- Aus dem Osten kommt das Licht, aus dem Westen der Luxus. Um 1950 vom polnischen Aphoristiker Stanislaw Lec gebrauchtes Wortspiel ⟨ZEIT 28, 1989, 3⟩. Siehe *Ex oriente lux.*

Ex rupe fracta / haec via facta
- Diesen Felsen sprengte man / und legte einen Fahrweg an. 1786. Inschrift im badischen Murgtal. Später ergänzt durch: *Aetate peracta /haec ferrea fracta* - Doch später ging man wieder dran / und baute eine Eisenbahn. 1869 ⟨WEIS 1976, 122⟩.

Ex umbris et imaginibus in veritatem
- Aus Schatten und Bildern zur Wahrheit. Grabschrift des englischen Kardinals John Henry Newman (1801-90).

Examen rigorosum
- Strenge Prüfung. Zunächst Bezeichnung der Tortur im älteren Kriminalprozeß; so wurde G. Galilei 1633 dem 'rigoroso essame' unterworfen. Von dort wohl erst scherzhaft, später offiziell in akademischen Gebrauch zur Bezeichnung der mündlichen Doktorprüfung übergegangen, insbesondere an Fakultäten, die - wie an österreichischen Universitäten - ohne Dissertation promovieren.

Excellens in arte non debet mori
- Wer in einer Kunst hervorragt, soll nicht sterben. Sprichwörtlich zur Begründung von Gnadenerweisen gegenüber Künstlern, die ein Verbrechen begangen haben ⟨FUMAGALLI 1975⟩.

Excelsior
- Höher hinaus. Titel und Refrain einer Ballade von Henry Wadsworth Longfellow (1807-82). Allgemein als Sinnbild des Fortschritts gebraucht und als solches Devise des amerikanischen Bundesstaates New York. Gegen den Vorwurf, er hätte richtig das Adverb 'excel-

sius' gebrauchen müssen, hat Longfellow nicht ganz überzeugend geltend gemacht, das Wort beziehe sich als Adjektiv auf den im Gedicht vorkommenden Bergsteiger 〈FUMAGALLI 1891〉. Seit dem 19. Jh. beliebter Name für Luxushotels.

Excessit medicina malum
- Das Heilmittel ist schlimmer geworden als die Krankheit. Sprichwörtlich von Risiken der Therapie. Siehe *Sunt remedia …*

Exercitia spiritualia
- Geistliche Übungen. Von Ignatius von Loyola (1491-1556) den Jesuiten auferlegte Übungen, erläutert in seiner gleichnamigen, 1522 verfaßten und 1548 gedruckten Schrift.

Exiguo contentus potiora sperans
- Mit wenigem zufrieden, auf besseres hoffend. Stammbuchspruch (Basel 1576) 〈KEIL 1893, 74〉.

Experimentum crucis
- Ein entscheidendes Experiment. *Crux* wurde in dieser Wendung von einigen als Wegweiser, von anderen als Strafwerkzeug gedeutet 〈BENHAM 1948〉.

Experto crede Ruperto!
- Glaube dem Fachmann Rupert. Antonius de Arena (+ 1544). *Experto credite* schon bei Vergil (Aen. 11, 283) 〈vgl. BÜCHMANN 1972, 545〉.

Extra Hungariam non est vita: et si est vita, non est ita
- Außerhalb Ungarns gibt es kein Leben, und wenn es Leben gibt, so doch kein solches. Ungarisches Selbstlob 〈FUMAGALLI 1975〉. Auch zu Ehren anderer Land- oder Ortschaften abgewandelt: *Extra Lipsiam … *〈WEIS 1939, 2, 11〉. Zitiert von Fr. Nietzsche im Brief an E. Rohde v. 6. 8. 1868 〈H. Däuble in: Nietzsche-Studien 5, 1976, 338〉. Vielleicht gebildet nach einer Kritik des Hoflebens: *Aulica vita / aut est vita / aut non est vita / Si est vita, / non est ita / ut pia vita.* Zitiert von Johann Michael Moscherosch (1601-69), Die Patientia, hrsg. v. Ludwig Pariser, München 1857, 24.

Extremis malis extrema remedia
- Bei schwersten Krankheiten müssen die äußersten Mittel angewandt werden. Medizinerregel ⟨BENHAM 1948⟩.

Fabricando fabri fimus
- Durch Werken werden wir zu Handwerkern ⟨BENHAM 1948⟩. Prinzip des 'Learning by Doing'. Im antiken Sprachgebrauch wurde die Form 'fimus' wegen ihrer Doppeldeutigkeit *(Mist)* gemieden.

Fac et excuses
- Tu's und entschuldige Dich dafür. Sprichwort ⟨BENHAM 1948⟩.

Fac tuum officium taliter qualiter et sta bene cum Domino priore et sine mundum vadere, prout vadat
- Tu Deine Pflicht, so gut es geht, und stehe gut mit dem Herrn Prior und laß' die Welt gehen, wie sie geht. Wohl Klostersentenz, zitiert von Carl v. Linné, 84.

Faciamus experimentum in corpore (oder: anima) vili
- Laßt uns einen Versuch am wertlosen Körper machen. Zitat, das auf ein Erlebnis des Humanisten Marc Antoine Muret (1526-85) zurückgeführt wird, der auf der Flucht in Piemont in ärmlicher Kleidung in einem Dorf erkrankte und in die Hände eines Arztes geriet, welcher einem Kollegen mit diesen Worten empfahl, ein noch unerprobtes Heilmittel anzuwenden. Der erschrockene Humanist soll dazu bemerkt haben: *Vilemne animam appellas pro qua Christus non dedignatus est mori?* Dann habe er sich den Ärzten entziehen können und sei aus Furcht vor dem Heilmittel gesund geworden. Die Erzählung findet sich zuerst bei Antoine du Verdier: Prosographie ou description des personnes illustres, Lyon 1589-1604, 3, 2542-43 ⟨vgl. FUMAGALLI 1896, 479⟩.

Falsa grammatica non vitiat concessionem
- Falsche Grammatik schadet der Verleihung (eines Rechts) nicht. Rechtsgrundsatz ⟨BENHAM 1948⟩.

Fato prudentia minor
- Gegenüber dem Schicksal ist Weisheit unterlegen. Wahlspruch von Paolo Giovio, Bischof von Nocera (16. Jh.) Umkehrung des *Fato prudentia maior* bei Vergil (georg. 1, 416) ⟨FUMAGALLI 1975⟩.

Favet Neptunus eunti
- Dem Reisenden ist Neptun hold. Devise der französischen Stadt Nantes ⟨DIELITZ 1883⟩.

Felix intra, felicior exi
- Glücklich tritt ein, noch glücklicher geh' von dannen. Spruch im Eingang des Hauses Felix Regensburger in Cambridge ⟨SCHOEPS o. J., 182⟩.

Felix oblivio
- Das Glück liegt im Vergessen. Wahlspruch König Friedrichs III (1440-93).

Felix quem faciunt aliena pericula cautum
- Glücklich, wen anderer Gefahren vorsichtig machten. Hexameter unsicherer Herkunft ⟨QUOTATIONS 1865⟩.

Femina est, quod est, propter uterum
- Was es ist, das Weib, / ist's durch den Mutterleib ⟨MALL 1988, 51⟩.

Fer aut feri; ne feriaris, feri
- Trag oder schlag! Damit Du nicht geschlagen wirst, schlag selbst! Wahlspruch der Königin Elisabeth I von England (1533-1603) ⟨BAYER 1993⟩.

Fer firme, facilis fiet fortuna ferendo
-'Ertrage fest, leicht wird das Schicksal, wenn man es trägt. Alliterierender Hexameter, 1594 in Jena belegt ⟨KEIL 1893, 81⟩.

Feriam, si tendit Apollo
- Ich werde treffen, wenn Apollo (den Bogen) spannt. Wahlspruch des Herzogs Gaston von Orléans (1608-60) ⟨DIELITZ 1883⟩.

Ferrea mens, podex sit plumbeus, aurea pera
juris-consultus sic potes esse bonus
- Eiserner Sinn, der Arsch wie Blei / und Gold im Sack: taugt zur Juristerei. Epigramm des Juristen und neulateinischen Dichters Nikolaus Reusner (1545-1602); 1690 zitiert von E. W. Happel, 276.

Fiat justitia et pereat mundus
- Es geschehe, was recht ist, und sollt die Welt drob vergehen. Übersetzung durch Martin Luther (in einer Predigt vom 10. Mai 1535), die möglicherweise ein bis heute verbreitetes Fehlverständnis im Sinne eines Gerechtigkeitsfanatismus verursacht hat. Gemeint ist wohl, daß bei Durchsetzung der Gerechtigkeit keine Rücksicht auf die persönlichen Interessen der Großen genommen werden dürfe ⟨vgl. LIEBS 1982⟩. Nach Johannes Manlius, Locorum communium collectanea, Basel 1562, 419, Wahlspruch des Kaisers Ferdinand I (1503-64). Dieser könnte ihn von Papst Hadrian VI (1459-1523) übernommen haben, von dem durch Alovisio Lippomano überliefert wird, er habe mit diesen Worten abgelehnt, das Verfahren gegen einen hochgestellten Mörder einzustellen ⟨LIEBS 1982⟩. Variiert durch G. W. F. Hegel (1770-1831): . . ne pereat mundus ⟨FUMAGALLI 1975⟩.

Fiat justitia, ruat caelum
- Es geschehe Gerechtigkeit, mag auch der Himmel einstürzen. Rechtssprichwort, zitiert von W. Watson, Quodlibets of Religion and State (1602) in der Form: Fiat justitia et ruant coeli. Auch erwähnt in Manningham's Diary (11. 4. 1603) in der Form: Fiat justicia et coelum ruat ⟨BENHAM 1948⟩. Siehe Fiat justitia et pereat mundus.

Fictio naturam sequitur
- Die Erdichtung oder der Schein richtet sich nach der Natur. Als Rechtsregel zitiert von Jean Paul, 6, 584, der auch die Umkehrung vertrat: natura fictionem sequatur.

Fide, sed cui, vide!
- Trau, schau, wem! Wortspielerische Regel unklarer Herkunft. Fide et vide begegnet als Wahlspruch des Kurfürsten Christian I von Sachsen (1560-91), Fide sed vide als Wahlspruch des Kurfürsten Christian II von Sachsen (1583-1611) ⟨DIELITZ 1883⟩.

Fidem facti virtute sequemur
- Wir werden dem Glauben folgen durch tugendhaftes Tun. Wahlspruch Kaiser Karls V (1500-58) ⟨DIELITZ 1883⟩.

FIDes In CaLaMItatIbus CLara
- Treue glänzt im Mißgeschick. Chronogramm von Giovanelli mit Bezug auf die Veränderungen in Italien im Jahre 1804 ⟨DIELITZ 1883⟩.

Fides nomen honorat
- Der Glaube bringt den Namen zu Ehren. Anagramm auf Johannes
de Mon(t)fort ⟨DIELITZ 1883⟩.

Fili, sine consilio nihil facias et post factum non poenitebis
- Tu, mein Sohn, nichts ohne Rat / und Du bereust nicht Deine Tat.
In Wittenberg 1592 belegter Stammbuchspruch ⟨KEIL 1893, 95⟩.

Filius uxorem grandi cum dote recuset
- Ein Eheweib mit sehr viel Geld / man besser sich vom Halse hält
⟨MALL 1988, 61⟩.

**Finis creationis telluris est gloria Dei ex opere naturae per hominem
solum**
- Zweck der Erschaffung der Welt ist das bewundernde Erkennen
Gottes, wie er sich offenbart im Werke der Natur. Carl v. Linné in
der Vorrede zu einer Neuauflage des zuerst 1735 erschienenen 'Systema naturae'.

Finis Initium
- Ende und Anfang. Inschrift eines Goldrings, der dem Hitler-Atten-
täter Stauffenberg von dem ihm befreundeten österreichischen Geor-
gianer Richard Fahrner geschenkt wurde. Anspielung auf Stefan Ge-
orges' "ich bin ein end und ein beginn", in: Der Stern des Bundes, 2.
Aufl., Berlin 1914, 21. Peter Hoffmann, Claus Schenk Graf von Stauffenberg und seine Brüder, Stuttgart 1992.

Finis (regni) Poloniae !
- Polens Ende ! Angeblicher Ausruf des polnischen Feldherrn Ta-
deusz Kościuszko (1746-1817) bei Maciejowice am 10. 10. 1794, als er
verwundet in russische Gefangenschaft geriet. Von Kościusko in ei-

61

nem Brief an Graf Louis Philippe de Ségur vom 12. 11. 1803 in Abrede gestellt ⟨vgl. BÜCHMANN 1972⟩.

Finitum non capax infiniti
- Das Endliche umfaßt das Unendliche nicht. Johannes Calvin (1509-64).

Firmior quo paratior
- Je besser vorbereitet, desto stärker. Wahlspruch des Earls of Selkirk ⟨BENHAM 1948⟩.

Fit cycnus, taurus, satyrus, fit Jupiter aurum
ob Ledam, Europen, Antiopen, Danaen
- Jupiter wurde zum Schwane, Stier, Satyr, zum goldenen Regen, / wegen der Leda, Europa, der Antiope, Danae. Distichon als Merkvers für die Metamorphosen des Zeus ⟨WEIS 1976, 18⟩.

Flavit Jehova et dissipati sunt.
Siehe *Afflavit Deus ...*

Florebo, quo ferar
- Ich werde blühen, wohin ich auch getrieben werde. Auf den Namen anspielende Devise des amerikanischen Bundesstaats Florida ⟨DIELITZ 1883⟩.

Florentinis ingeniis nil arduum est
- Nichts ist schwer dem Geist der Florentiner. Selbstlob des Buchdruckers Bernardo Cennini im ersten in Florenz gedruckten Buch (Servio, 1471) ⟨FUMAGALLI 1975⟩.

Fluctuat nec mergitur
- Es schwankt, aber es geht nicht unter. Devise der Stadt Paris, die ein Schiff im Wappen führt.

Fodina revirescens
- Der Bergbau lebt wieder auf. Wahlspruch des Herzogs Johann Friedrich zu Braunschweig (+ 1679). Das Anagramm enthält *Ioannes Fredericus* ⟨DIELITZ 1883⟩.

Forls Helena, intus Hecuba.
Siehe *Intus Hecuba* ...

Forma perit, virtus remanet
- Schönheit vergeht, Tugend besteht. Wahlspruch des Feldmarschalls
Graf August zu Lippe (+ 1701) ⟨DIELITZ 1883⟩.

Forti nihil difficile
- Dem Tapferen ist nichts schwierig. Wahlspruch von Benjamin Disraeli (1804-81) ⟨DIELITZ 1883⟩.

Fortior et potentior est dispositio legis quam hominis
- Stärker und machtvoller ist die Bestimmung des Gesetzes als die
des Menschen. Rechtssprichwort ⟨BENHAM 1948⟩. Auch: *Fortior est
custodia* ... ⟨LIEBS 1982⟩.

Fortior qui se, quam qui fortissima vincit moenia
- Tapferer ist der, welcher sich, als welcher die stärksten Festungsmauern besiegt. Wahlspruch des Stifters der evangelischen Brüdergemeine Nikolaus Ludwig Graf v. Zinzendorf (1700-60). E. Beyreuther,
Der junge Zinzendorf, Marburg 1957, 160.

Fortis imaginatio generat casum
- Eine starke Einbildungskraft bringt das Ereignis hervor. Zitiert von
M. E. de Montaigne, 1, 21.

Fortiter, fideliter, feliciter
- Kräftig, getreulich, glückhaft. Wahlspruch des preußischen Feldmarschalls Neithardt Gf v. Gneisenau (1760-1831) ⟨WEIS 1939, 1, 34⟩.

Fortiter in re, suaviter in modo
- In der Sache stark, mild in der Form. Vom vierten Jesuitengeneral
Claudio Aquaviva (1543-1615) in seinem Buch "Industriae ad curandos
animae morbos" (Venedig 1606, 2, 1) erläuterter Grundsatz: "... *et
fortes in fine consequendo et suaves in modo ac ratione assequendi
simus*" - Daß wir (die Herrrschenden) ebenso beharrlich seien in der
Verfolgung des Ziels wie gewinnend in der Art und Weise, es zu erreichen. Der Spruch geht vielleicht zurück auf die Vulgata (Sap. 8, 1):
Attingit ergo a fine usque ad finem fortiter et disponit omnia suavi-

ter ⟨BÜCHMANN 1972⟩. Mit dem Zusatz: ... *constanter in se* am neuen Rathaus in Leipzig.

Fortuna bulla
- Das Glück ist eine (Seifen)blase. Wahlspruch des Grafen Georg Friedrich v. Hohenlohe (+ 1635) ⟨DIELITZ 1883⟩.

Francis data munera caeli
- Den Franken sind die Werke des Himmels gegeben. Wahlspruch Ludwig XIII von Frankreich (1601-43) ⟨DIELITZ 1883⟩.

Francos amicos habe, non vicinos
- Franken soll man zu Freunden haben, nicht zu Nachbarn. Als Sprichwort zitiert von Fr. Taubmann, Taubmanniana, Frankfurt u. Leipzig 1722, 123.

Frangar non flectar
- Ich mag gebrochen werden, aber ich werde mich nicht beugen. Häufiger Wahlspruch. Auch in der Form: *Frangas non flectes;* so als Wahlspruch des preußischen Gen.-Feldmarschalls Friedrich Graf Wrangel (1784-1877) ⟨KREBS 1896⟩.

Frange moras
- Zerbrich die Hindernisse. Wahlspruch des Grafen Johann Christoph zu Puchheim (+ 1598) ⟨DIELITZ 1883⟩.

Fraudare eos, qui sciunt et consentiunt, nemo videtur
- Es wird angenommen, daß niemand diejenigen betrügt, die um eine Tat wissen und ihr zustimmen. Rechtssprichwort ⟨BENHAM 1948⟩.

Fructu multiplici coelo foecundor ab alto
- Mit vielfältiger Frucht werde ich vom hohen Himmel befruchtet. Devise des Bergstädtchens Ilmenau am Nordfuß des Thüringer Waldes ⟨DIELITZ 1883⟩.

Fruor, dum foveo
- Andere fördernd erfreue ich mich. Wahlspruch des Claud. Frèce, Präsident des Parlaments zu Grenoble um 1660 ⟨DIELITZ 1883⟩.

Fugit hora, ora
- Die Stunde flieht, bete! Inschrift auf Sonnenuhren ⟨FUMAGALLI 1975⟩. *Fugit hora* bei Persius (5,153).

Furor loquendi
- Die Redewut ⟨BENHAM 1948⟩.

Furor poeticus
- Die poetische Begeisterung ⟨SEPP 1885, 21⟩.

Furor theatralis
- Die Theaterwut. In Italien sprichwörtliche Bezeichnung der Vorliebe für das Theater im 16. und 17. Jahrhundert.

Furor Wertherinus
- Das Wertherfieber ⟨G. Chr. Lichtenberg, 1, 495⟩.

Furore teutonico diruta, dono Americano restituta.
Für den 1928 fertiggestellten Neubau der im 1. Weltkrieg zerstörten Bibliothek in Löwen vom Architekten Whitney Warren entworfene Inschrift, die auf Intervention des deutschen Auswärtigen Amtes als dem 'Geist von Locarno' widersprechend nicht angebracht worden ist. *Furor Teutonicus* geht auf Lucanus zurück (Phars. 1, 255) und wurde viel zitiert, seitdem Otto v. Bismarck am 6. 2. 1888 im Reichstag davon sprach.

Gallia nos genuit, Africam penetravimus omnem et Gangem hausimus, nobis hic defuit orbis
- Frankreich hat uns geboren, ganz Afrika haben wir durchzogen und aus dem Ganges haben wir getrunken; dieser Himmelsstrich fehlte uns noch. Inschrift einer Erinnerungstafel, die der Franzose de Fercourt, der 1681 Lappland besuchte, mit zwei Reisegefährten in der Kirche von Jukkasjärvi anbrachte. Sie wurde von Carl v. Linné im 'Iter Lapponicum' (1732) nicht ganz korrekt wiedergegeben und kann als das nördlichste Zeugnis des Lateingebrauchs gelten ⟨vgl. Carl v. Linné, Lappländische Reise, Leipzig 1991, 147⟩.

Gestuna tantum una
- Gastein, nur Du allein. Wappenspruch von Bad Gastein in Österreich ⟨VOSSEN 1978, 151⟩.

Gaudeamus igitur, juvenes dum sumus
- Laßt uns also fröhlich sein, solange wir jung sind. Anfang eines
1781 von dem Hallenser Studenten Chr. Wilhelm Kindleben in die
heutige Fassung umgedichteten Studentenliedes 'De brevitate vitae'.

Gaudeat ingrediens, laetetur et aede recedens.
His qui praetereunt, det bona cuncta Deus. 1608
- Freudig trete herein und froh entferne Dich wieder. Ziehst Du als
Wandrer vorbei, segne die Pfade Dir Gott. Distichon, das der Dorn-
burger Amtsschösser Zetzsching über den Eingang des Schlosses
Dornburg in Thüringen unter seinem Wappen und dem seiner Frau
anbringen ließ. Übertragung von Goethe im Tagebuch v. 11. 7. 1828.

Gaudent praedones, quod discordant regiones
- Die Räuber freuen sich, weil sich die Länder streiten. Vom sächsi-
schen Staatsmann Friedr. Hortleder (+ 1640) in Jena 1639 in ein
Stammbuch geschriebener leoninischer Hexameter ⟨KEIL 1893, 107⟩.

Gens una sumus
- Wir sind eine Familie. Wahlspruch des Weltschachbundes (FIDE).
Auch der Weltfernschachbund hat eine lateinische Devise: *Amici su-
mus.*

Gentis formido Sabaudae
- Ein Schrecken des savoyischen Volkes. Wahlspruch des Franz von
Bonne, Connétable von Frankreich (+ 1626) ⟨DIELITZ 1883⟩.

Germanus mihi frater eris si pocula siccas
- Du sollst mein Bruder sein, wenn Du den Becher leerst. Hexameter, als Schmollis-Spruch 1611 zitiert von Th. Coryate, 254.

Gloria Deo in altis
- Ehre sei Gott in der Tiefe. Erstes Kabelgramm, mit dem (1866) der
unterseeische Telegraphenverkehr zwischen Europa und Nordamerika
eröffnet wurde.

Gradatim
- Schrittweise. Wahlspruch von René Descartes (Cartesius 1596-1650) <KEIL 1893, 27>.

Gradus ad Parnassum
- Die (erste) Stufe zum Parnaß. Mehrfach nachgeahmter Titel eines dem Jesuiten Chatillon zugeschriebenen Wörterbuchs zum Gebrauch bei Übungen im Verfertigen lateinischer Verse, das zuerst von dem Jesuiten Paul Aler (1656-1727) um 1680 in Köln herausgegeben worden sein soll. Die erste Ausgabe unter Alers Namen erschien 1699 <BÜCHMANN 1972>.

Gram loquitur, Dia vera docet, Rhe verba colorat,
Mu canit, Ar numerat, Geo ponderat, As docet astra.
Merkvers auf die sieben freien Künste (*artes liberales*): Grammatik, Dialektik, Rhetorik, Musik, Arithmetik, Geometrie und Astronomie <QUOTATIONS 1865>. Von den *artes liberales* werden in den Sachkatalogen mancher Bibliotheken - so in Göttingen - bis heute die *artes illiberales* unterschieden, die nach bestimmten Regeln betrieben werden, wie Spiel- und Sportarten.

Gratissimus nummus
- Hochwillkommen ist das Geld <SEYBOLD 1677>.

Habeas Corpus
- Du sollst den Körper haben. Anfangsworte einer 1679 vom englischen Parlament erlassenen Akte, in der die mit der "Magna Charta" errungenen Rechte des Bürgers bekräftigt wurden.

Habemus Papam
- Wir haben einen (neuen) Papst. Gewöhnlich zitierte Formel bei Bekanntgabe einer erfolgten Papstwahl. Nach Augustinus Patricius (+ 1496), Rituum ecclesiasticorum sive sacrarum cerimoniarum SS. Romanae ecclesiae libri III, hrsg. v. Josef Catalanus, Rom 1750, 1, 73, wird folgender Wortlaut verlangt: *Annuntio vobis magnum gaudium: Papam habemus* - Ich verkündige Euch große Freude: wir haben einen Papst. Danach wird der Name des Papstes genannt.

Haec est ultima ratio regis
- Dies ist das letzte Argument des Königs. 1516 im Hinblick auf Gewalt gebraucht von Francisco Jimenez de Cisneros (1436–1517), Regent von Kastilien. Siehe *Ultima ratio* ⟨FUMAGALLI 1975⟩.

Haec fortasse tua
- Diese ist vielleicht deine (letzte) Stunde. Inschrift auf Sonnenuhren ⟨FUMAGALLI 1975⟩.

Haec optanda civitatibus bona maxima: pax, libertas, concordia
- Diese Güter sind den Städten am meisten zu wünschen: Friede, Freiheit, Eintracht. Inschrift am Hohen Tor zu Danzig.

Haec tria conservant validas in corpore vires:
dulcia pulchra Dei, vina, puella, timor
- Diese drei (er)halten die Kräfte des Körpers rüstig: / Süße Weine, ein schönes Mädchen und Gottesfurcht. Distichon, der Pentameter als Spaltvers: *dulcia vina* etc. Als Heidelberger Stammbuchvers 1579 belegt ⟨KEIL 1893, 80⟩.

Herbipolis sola / judicat ense et stola
- Allein Würzburg richtet unter Schwert und Stola. Wahlspruch der Bischöfe von Würzburg ⟨DIELITZ 1883⟩.

Hercules fundator Gadis dominator
- Hercules Gründer und Herr von Cadiz. Devise der spanischen Stadt Cadiz ⟨DIELITZ 1883⟩.

Heu quanto minus est cum reliquis versari quam tui meminisse!
- Ach, wieviel weniger bedeutet es, unter den Hinterbliebenen zu weilen als Deiner zu gedenken! Grabschrift von Shenstone für einen Verwandten. Auch auf dem Grabe der Frau von Sir G. Shuckburgh, 1782 ⟨BENHAM 1948⟩.

Heu quantum est, quod nescimus!
- Ach, wieviel gibt es, das wir nicht wissen! Dem Leidener Philologen Daniel Heinsius (1580–1655) zugeschrieben. Zitiert 1630 von Jacob Crucius, 1, 39.

Heus, tu! de Jove quid sentis?
- Hallo, was denkst Du über Jupiter? Francesco Guicciardini
(1483-1540) 〈BENHAM 1948〉.

Hiatus maxime deflendus
- Eine höchst beweinenswerte Lücke 〈BENHAM 1948〉. Auch: ...
valde deflendus 〈J. Boswell, Tagebuch v. 10. 9. 1772〉.

Hic cineres, nomen ubique
- Hier (nur) seine Asche, sein Name überall. Grabspruch für Friedrich
den Großen (reg. 1740-86) 〈KREBS 1896〉.

Hic est aut nusquam, quod quaerimus
- Hier oder nirgends ist, was wir erstreben. Von Goethe im Brief an
C. L. v. Knebel vom 27. Juli 1782 als sein 'altes Motto' bezeichnet.

Hic et ubique terrarum
- Hier und überall auf der Welt. Devise der Universität von Paris
〈DIELITZ 1883〉.

**Hic habet, ille habuit, rem tertius ardet habere,
in tribus his curis excruciatur homo**
- Einer hats Geld, der ander hats gehabt, der dritte hetts gern: Jede
der drei Sorgen martert den Menschen. Distichon von Fr. Taubmann.

Hic ille est magnus, qui toti inscribitur orbi
- Groß ist hier, wessen Name dem ganzen Erdkreis eingeschrieben
ist. Wahlspruch Ludwigs XIV von Frankreich (reg. 1661-1715).

Hic jacet Cremoninus totus
- Hier ruht der ganze Cremonini. Des um 1550 zu Cento geborenen,
dem Materialismus zugeneigten Gelehrten Cesare Cremonini von ihm
selbst verfaßte Grabschrift.

Hic jacet impius inter Pios.
Satirische Grabschrift auf den bei den Römern verhaßten Papst Hadrian VI (1459-1523), der zwischen Pius II und Pius III begraben
wurde.

Hic jacet intra urnam, extra qui saepe jacebat.
Est temulentus homo nunc tumulatus humo
- Hier in der Urne liegt, der außer ihr öfters gelegen, / 's ist ein betrunkener Mensch, nun von Erde bedeckt. Wortspielerische Grabschrift auf einen Trinker ⟨WEIS 1976, 118⟩.

Hic jacet in tumba Rosa mundi, non Rosa munda;
non redolet, sed olet, quae redolere solet.
Distichon als wortspielerische Grabschrift ⟨WEIS 1939, 2, 73⟩.

Hic jacet pulvis cinis et nihil
- Hier ruht Staub, Asche und nichts. Grabschrift des Kardinals Antonio Barberini (1608-71) vor dem Hochaltar der römischen Kirche Sa. Maria della Concezione.

Hic jacet Scaligeri quod fuit
- Hier liegt von Scaliger, was er gewesen. Grabschrift des französischen Humanisten Julius Caesar Scaliger (1484-1558), zitiert von G. Chr. Lichtenberg, 1, 870.

Hic liber est in quo sua quaerit dogmata quisque
invenit et pariter dogmata quisque sua
- Die Bibel ist ein Buch, wo jeglicher, was ihn gelüstet, / sucht und jeglicher auch, was ihn gelüstet, entdeckt. Samuel Werenfels (1657-1740): De Scopo, quem Scripturae Interpres sibi proponere debet, Opuscula, Leiden 1712. Das Distichon des Baseler reformierten Theologen übersetzte Johann Heinrich Voss ⟨SCHOEPS o. J., 192⟩.

Hic liber est meus, testis est Deus,
qui eum rapiat, diabolus capiat
- Ich wollt', daß den der Teufel holte, der dies mein Buch behalten sollte. Exlibris ⟨WEIS 1976, 121⟩. Eine andere Verwünschung von Bücherdieben erwähnt LIPPERHEIDE 1907, 82.

Hic locus odit, amat, punit, conservat, honorat
nequitiam, pacem, crimina, jura, bonos
- Dieser Ort haßt Verdorbenheit, liebt Frieden, straft Verbrechen, bewahrt die Gesetze und ehrt die Guten. Frühere Inschrift am Palast der Loggia in Brescia. Auch an anderen Gerichtshöfen, so am Justizpalast in Rom, angebrachter Spaltvers, bei dem die Verben des Hexa-

meters den Substantiven des Pentameters zugeordnet sind. ⟨FUMA-GALLI 1975⟩.

Hic occultus occulto occisus est
- Hier ist ein Geheimnisvoller von einem Geheimnisvollen getötet worden. Inschrift auf dem Ansbacher Denkmal für Kaspar Hauser (1812?-1833). Sein Grabstein in Ansbach trägt die Inschrift: *Hic jacet / Casparus Hauser / aenigma / sui temporis / ignota nativitas / occulta mors / MDCCCXXXIII.*

Hic situs est Dom Bougre, fututus fututi!
- Fiktive Grabschrift des aus der erotischen Literatur des 18. Jh. bekannten Dom Bougre. Erwähnt von Jean-Marie Goulemot, Ces livres qu'on ne lit que d'une main, Aix-en-Provence 1991.

Hic sunt leones
- Hier gibt es Löwen. Bezeichnung unerforschter Teile Afrikas auf alten Landkarten ⟨FUMAGALLI 1975⟩.

Hic venditur Catharticum, Emeticum, Narcoticum et omne, quod exit in -um, praeter Remedium.
Satirische Inschrift an einer Apotheke ⟨WEIS 1939, 2, 78⟩.

Hinc aliquando eluctabor
- Hieraus werde ich mich einmal wieder hervorringen. Wahlspruch des Kardinals Alessandro Ottaviano von Medici (1535-1605), der einige Tage als Papst Leo XI regierte ⟨DIELITZ 1883⟩.

Hinc venti dociles resono se carcere solvunt, et cantum accepta pro libertate rependunt
- Hier lösen sich gelehrige Winde aus ihrem widerklingenden Gefängnis und geben vergeltend ein Lied für die erhaltene Freiheit. Inschrift auf einer Orgel bei Jean Baptiste de Santeul (1630-97), Opera poetica, 1695, wo es am Anfang *hic* heißt ⟨BENHAM 1948⟩.

Hinc vigilo
- Von hier aus wache ich. Wahlspruch König Philipps II von Spanien (1527-98) nach seiner Vermählung mit Königin Maria von England, von der er zunächst getrennt leben sollte ⟨DIELITZ 1883⟩.

(Hispani) quibus "vivere" est "bibere".
Wortspiel im Hinblick auf die spanische Aussprache des Halbvokals
"v" als "b" ⟨FUMAGALLI 1975⟩.

Hoc est signum Dei
- Dies ist ein Zeichen Gottes. Ausruf Karls des Kühnen in der Bela-
gerung von Nancy (1477), als er sah, daß der goldene Löwe von seinem Helm fiel ⟨FUMAGALLI 1975⟩.

Hoc et plus benedicat Dominus
- Dies und mehr segne der Herr. Älteres Tischgebet.

**Hoc monumentum / posuit / non princeps, non patria, non amici /
sed / uxor**
- Dieses Denkmal setzte nicht der Fürst, nicht das Land, noch die
Freunde, sondern die Ehefrau. Grabschrift für den österreichischen
Feldherrn G. E. Frhr v. Laudon (1717-90) ⟨WEIS 1939, 1, 61⟩.

Homines diligendi sunt
- Die Menschen muß man lieben. Grundsatz des Lothringer Humanisten und Theologen Wolfgang Müslin (Musculus Dusanus 1497-1563).

Homines soli animalium non sitientes bibimus
- Allein wir Menschen unter den Tieren / trinken auch ohne Durst
zu spüren ⟨SEPP 1885, 66⟩.

Homini inquieta mens data est, novitate rerum laetissima
- Dem Menschen ist ein unruhiger Sinn gegeben, von der Neuheit der
Dinge begeistert. Zitiert von Carl v. Linné, 128.

**Homo est, qui caret pecunia;
homo non est, qui caret eruditione**
- Ein Mensch ist, wem es fehlt am Geld, / ein Unmensch, wem die
Bildung fehlt. Stammbuchvers (Eisenach 1597) ⟨KEIL 1893, 63⟩.

Homo faber
- Der Mensch als Handwerker. Als Menschenbild im 20. Jh. durch H.
Bergson und M. Scheler philosophisch erörtert. Titel eines 1957 erschienenen Romans des Schweizer Schriftstellers Max Frisch
(1911-91). In ihm wird ein Typ des modernen Menschen geschildert,

der seine Welt manipuliert und dabei seine Persönlichkeit einbüßt.

Homo homini lupus, homo homini daemon
- Der Mensch ist dem Menschen ein Wolf, der Mensch ist dem Menschen ein Dämon. Zitiert von R. Burton, 1, 1, 1, 1. Der erste Halbsatz, Kernsatz der Staatslehre von Thomas Hobbes (1588-1679), geht zurück auf Plautus (Asinaria 495): *Lupus est homo homini.*

Homo / humilis / humus.
Wortspielerische Inschrift auf der Grabplatte des Historikers Max Fastlinger (*1866) ⟨WEIS 1976, 120⟩.

Homo inscius
- Der unwissende Mensch. Auch als *Homo insipiens* Gegenbegriff zum *Homo sapiens* bei José Ortega y Gasset (1883-1955), Der Mensch und die Leute, München 1957, 39 f.

Homo litteratus
- Der Gebildete. Bezeichnung eines im Humanismus hervortretenden Menschentyps, der zuerst von Francesco Petrarca (1303-74) verkörpert wurde. Aus ihm hat sich der französische 'homme de lettres' entwickelt.

Homo longus raro sapiens; sed si sapiens, sapientissimus
- Ein hochgewachsener Mensch ist selten klug, doch wenn er klug ist, ist er äußerst klug. Anthropologischer Erfahrungssatz ⟨MALL 1988, 41⟩.

Homo loquax
- Der Mensch als Schwätzer. Im Gegensatz zum *Homo sapiens,* der die Welt denkend erfaßt, und zum *Homo faber,* der sie sich schafft, ein Mensch, dessen Denken, falls er denkt, nur eine Reflexion über seine Worte ist. Eingeführt durch Henri Bergson (1859-1941).

Homo ludens
- Der Mensch als Spieler. Titel eines zuerst 1938 erschienenen Versuchs einer Bestimmung des Spielelements in der Kultur durch den holländischen Kulturhistoriker Johan Huizinga (1872-1945).

Homo oeconomicus
- Der Mensch der Wirtschaftswissenschaft. Fragwürdiges Konstrukt eines Menschen, dessen Tun ausschließlich an seinem ökonomischen Vorteil orientiert ist.

Homo perit, liber manet
- Der Mensch vergeht, das Buch bleibt. Alejandro de Riquer (1856-1920), Ex-libris, Barcelona 1903.

Homo pictor
- Der Mensch als Bildschöpfer. Als Unterscheidungsmerkmal zum Tier gebraucht von Hans Jonas, Homo pictor und die Differentia des Menschen, in: Zeitschr. f. d. philos. Forschung, 15, 1961, 161 f.

Homo policitus
- Der Mensch der Politikwissenschaft. Konstrukt eines Menschen, der seine politischen, insbesondere seine Wahlentscheidungen ganz an deren berechenbarem Nutzen orientiert und insofern rational handelt. Beschrieben von Anthony Downs, An Economic Theory of Democracy, New York 1957.

Homo proponit et Deus disponit
- Der Mensch denkt's, Gott lenkt's. Im 14. Jh. zitiert von W. Langland, XX, siehe auch XI mit Verweis auf Platon. Später bei Thomas von Kempen, 1, 19, 2.

Homo sapiens
- Der wissende Mensch. Bezeichnung des Menschen durch Carl v. Linné, Systema naturae, Leiden 1735. Dort vom Affen *(Homo silvestris)* unterschieden.

Homo sociologicus
- Der Mensch der Soziologie. Titel einer Studie zur Geschichte, Bedeutung und Kritik der Kategorie der sozialen Rolle des Soziologen Ralf Dahrendorf, die zuerst in der Kölner Zeitschrift für Soziologie und Sozialpsychologie, 10. Jg., 1958, erschienen ist. Der Begriff wurde in Anlehnung an den *Homo oeconomicus* gebildet.

Homo solus aut deus aut daemon
- Der Einzelgänger ist entweder ein Gott oder ein Dämon. Zitiert von R. Burton.

Homo solus, nullus homo
- Der Einzelgänger ist kein Mensch ⟨ARTHABER 1972⟩.

Honestum non est semper, quod licet
- Was erlaubt ist, ist nicht immer ehrenwert. Rechtssprichwort ⟨BENHAM 1948⟩.

Honor est a Nilo
- Die Ehre ist vom Nil. Dr Burney zugeschriebenes Anagramm, das Horatio Nelsons (1758-1805) Sieg bei Abukir als in seinem Namen vorhergesagt erweist ⟨QUOTATIONS 1865⟩.

Honor est in honorante
- Ehre liegt bei dem, der ehrt. Zitiert von R. Burton. Auch: *Honor est honorantis.* Zitiert von G. Casanova, 7 u. 200.

Honorantes me honorabo
- Die mich ehren, werde ich ehren. Wahlspruch von Hastings, Earl of Huntington ⟨BENHAM 1948⟩.

Hora, dies et vita fugit, manet unica virtus
- Die Stunde, der Tag und das Leben enteilt, es bleibt einzig die Tugend. Hexameter an der Uhr auf dem Markte zu Terni ⟨KEIL 1893, 23⟩. Auch zitiert: ... *et vita ruit* ⟨EuJ 40, 1995, 62⟩.

Horror vacui
- Das Grauen vor der Leere. François Rabelais, Gargantua et Pantagruel, 1535, 1, 5 erwähnt den antiken physikalischen Grundsatz: *Natura abhorret vacuum.* Davon wurde der Begriff abgeleitet ⟨vgl. BÜCHMANN 1972⟩. Als eine Art *fuga vacui* bezeichnete A. Schopenhauer, 2, 93, die 'Lesewuth der meisten Gelehrten'.

Hypotheses non fingo
- Ich erfinde keine Hypothesen. Isaac Newton (1643-1727), Philosophiae naturalis principia mathematica, 1687, 2, 20. Newton lehnte jedoch Hypothesenbildung nicht grundsätzlich ab.

Id commune malum; semel insanivimus omnes
- Es ist ein gemeinsames Unheil; alle sind wir (schon) einmal ver-
rückt gewesen. Baptista Mantuanus (1448-1516), Bucolica, 1.

Igne constricto vita secura
- Nach Fesselung des Feuers ist das Leben sicher. Wahlspruch des
englischen Chemikers Sir Humphry Davy (1778-1829) mit Bezug auf
die von ihm 1815 entwickelte Gruben-Sicherheitslampe 〈DIELITZ
1883〉.

**Ignis ubique latet, naturam amplectitur omnem,
cuncta parit, renovat, dividit, unit, alit**
- Feuer ist überall, es umfaßt die ganze Natur, es erzeugt, erneuert,
teilt, vereint und nährt alles. François Marie Arouet de Voltaire
(1694-1778), Dissertation sur le feu, Vorspruch.

Ignorabimus, ergo credemus
- Wir werden nicht wissen, also werden wir glauben. Abwandlung
des 'Ignoramus' Dubois-Reymonds durch Rudolf Virchow (1821-1902).

Ignoramus et (semper) ignorabimus
- Wir wissen nicht und wir werden nicht wissen. *Ignoramus* erscheint zuerst 1577 in der Rechtssprache als Vermerk der englischen
Grand Jury, daß der Tatbestand einer öffentlichen Anklageschrift zur
Strafverfolgung nicht ausreiche 〈vgl. George Ruggle, Ignoramus,
London 1787, 283〉. Als Schlagwort bezogen auf die Grenzen der Wissenschaft zuerst bei dem Berliner Physiologen Emil Du Bois-Rey-
mond (1818-96) in einem 1872 in Leipzig gehaltenen Vortrag: "Gegenüber den Rätseln der Körperwelt ist der Naturforscher längst ge-
wöhnt, mit männlicher Entsagung sein *Ignoramus* - wir wissen nicht
- auszusprechen... Gegenüber dem Rätsel aber, was Materie und
Kraft seien und wie sie zu denken vermögen, muß er ein für allemal
zu dem viel schwerer abzugebenden Wahrspruch sich entschließen:
Ignorabimus - Wir werden nicht wissen" 〈vgl. RITTER 1976〉. Als
Schlagwort öfters aufgenommen: "In menschlichen Gesellschaften
sind gewisse, habituell entstandene Gebarensmodelle... zur Norm
erhoben. Warum das im einzelnen Fall gerade diese und nicht ganz
andere Gebarensweisen sind? *Ignoramus*" 〈Theodor Geiger, Vorstu-
dien zu einer Soziologie des Rechts, 2. Aufl., Neuwied 1970, 20〉.
Siehe auch die Maxime des Göttinger Mathematikers David Hilbert

(1862-1943): 'In der Mathematik gibt es kein *Ignorabimus*'. Auf seinem Grabstein steht: 'Wir müssen wissen, wir werden wissen'.

Ignoto militi
- Dem unbekannten Soldaten. Inschrift auf dem Grabmal eines unbekannten Soldaten, der 1921 von Aquileja nach Rom überführt und zur Erinnerung an die im Ersten Weltkrieg Gefallenen unter dem Altar des Vaterlandes beigesetzt wurde <FUMAGALLI 1975>.

Ignotum per ignotius
- Das Unbekannte durch noch weniger Bekanntes (erklären). Gebraucht von A. Schopenhauer, 5, 96. Siehe *Obscurum* ..

Iliada post Homerum scribit
- Er schreibt die Ilias nach dem Homer, d. h. er bringt etwas schon längst Dagewesenes hervor <SEYBOLD 1677>.

Illico post coitum cachinnus auditur Diaboli
- Gleich nach dem Beischlaf vernimmt man das Lachen des Teufels. Zitiert von A. Schopenhauer, 5, 281.

Impavidi progrediamur
- Laßt uns unerschrocken vorwärtsschreiten. Wahlspruch des Naturforschers Ernst Haeckel (1834-1919); gegen den Skeptizismus Du Bois-Reymonds gerichtet. Siehe *Ignoramus* ...

Imperat in toto regina pecunia mundo
- Das Geld regiert die Welt. Hexameter als Wahlspruch des Herzogs Friedrich zu Sachsen (+ 1691).

Imperatores ac medici saepius nihil agendo magnas reportant victorias
- Feldherren und Ärzte tragen öfters durch Nichtstun große Siege davon. Vom Tübinger Mediziner Daniel Hoffmann 1736 in ein Stammbuch geschrieben <KEIL 1893, 221>.

Impigrum esse ad laborem, / vitale semen conservare, / vesci citra saturitatem, / tria saluberrima
- Am heilsamsten sind diese drei Dinge: unermüdlich arbeiten, die Zeugungskraft bewahren und sich nicht satt essen. 1590 in Heidel-

berg belegte Gesundheitsregel ⟨KEIL 1893, 80⟩.

Impositam moli, quam cernis, Gandhis imago est, hoc Indus patriae donat honore patrem
- Das Bild, das Du der Masse eingefügt siehst, ist das Gandhis; / mit dieser Ehre beschenkt der Inder den Vater des Vaterlandes. Anfang einer Inschrift am Denkmal Gandhis in Neu-Delhi ⟨VOSSEN 1978, 159⟩.

Imprimatur
- Es möge gedruckt werden. Vermerk, mit der die kirchliche Druckerlaubnis erteilt wurde. Später allgemein auf korrigierten Druckfahnen *(imprim.)* zur Bezeichnung eines druckfertigen Textes durch den Verfasser ⟨FUMAGALLI 1975⟩.

Imum nolo; summum nequeo; quiesco
- Ich will nicht das Niedrigste, ich vermag das Höchste nicht, ich halte stille. Inschrift von Joseph Hall, Bischof von Exeter und Norwich (1574-1656); um 1601 an seinem Pfarrhaus in Hawsted, Suffolk, angebracht ⟨BENHAM 1948⟩.

In agello - cum libello - sola quies
- Mit einem Buch, auf einem kleinen Landsitz, (ist) einzig Ruhe. Inschrift, die der italienische Lyriker Giacomo Zanella (1820-88) an seiner Villa bei Vicenza anbringen ließ ⟨FUMAGALLI 1975⟩.

In Bellonae hortis nascuntur semina mortis
- In der Bellona Gärten entspringen die Samen des Todes. Leoninischer Hexameter ⟨SEPP 1885, 80⟩. Bellona ist die Kriegsgöttin, Schwester des Mars.

In bonum virum non cadit mentiri
- Einem Biedermann / steht Lügen nicht an ⟨BODEUSCH 1866, 177⟩.

In cauda venenum
- Im Schwanz (steckt) das Gift. Auf den Giftstachel im Schwanzende des Skorpions anspielendes Sprichwort unbekannter Herkunft ⟨BARTELS 1992⟩.

In commune quaerunt
- Sie forschen gemeinsam. Kurfürst Friedrich III von Brandenburg (1657-1713) zur Einweihung der Akademie der Wissenschaften in Berlin im Jahre 1699 〈DIELITZ 1883〉.

In die perniciosum, in hebdomada utile, in mense necessarium
- Täglich gefährlich, wöchentlich nützlich, monatlich nötig. Gesundheitsregel 〈FUMAGALLI 1975〉.

In dubio pro reo
- Im Zweifel für den Angeklagten. In der Antike inhaltlich belegtes, in der Formulierung wohl jüngeres Rechtssprichwort 〈vgl. BARTELS 1992〉.

In fide constans
- Im Glauben fest. Devise der belgischen Stadt Mecheln 〈DIELITZ 1883〉.

In girum imus nocte et consumimur igni
- Wir schwirren nachts umher und werden vom Feuer verzehrt. Auf Mücken bezogenes Palindrom, sog. versus diabolicus, der auch von hinten gelesen werden kann 〈FUMAGALLI 1975〉.

In Institutis - comparo vos brutis, / in Digestis - nihil potestis, / in Codice - didicistis modice, / in Novellis - comparamini asellis, / et tamen creamini Doctores. / O tempora, o mores!
- In den Institutionen vergleiche ich Euch mit Tieren, in den Digesten könnt Ihr nichts, im Codex habt Ihr mäßig gelernt. In den Novellen werdet Ihr mit Eselchen verglichen, und doch werdet Ihr zu Doktoren gemacht. O Zeiten, O Sitten! Scherzhafte Klage über schlechte Juristen 〈WEIS 1976, 11〉.

In mari irato, in subita procella, / invoco te, benigna Stella
- Im erzürnten Meer, im plötzlichen Sturm, rufe ich Dich an, gütiger Stern. Auf Maria (Stella maris) bezogene Inschrift am Turm im Hafen von Savona 〈MALL 1988, 29〉.

In motu immotum
- In der Bewegung unbewegt. Wahlspruch des Kardinals Luigi Este (+ 1586) zum Emblem des sternbedeckten Himmels. 'Still und bewegt'

übersetzte Friedr. Hölderlin, Hyperion, Tübingen 1797, 2, 2.

In necessariis unitas, in dubiis libertas, in omnibus caritas
- In notwendigen Dingen Einheit, in zweifelhaften Freiheit, in allen aber tätige Liebe. Fälschlich Augustinus zugeschriebener Spruch, zuerst belegt bei Rupertus Meldenius (Petrus Meuderlinus), Paraenesis votiva pro pace ecclesiae, Rothenburg 1626. Es heißt dort: "Si nos servaremus in necessariis unitaten, in non necessariis libertatem, in utrisque caritatem, optimo certe loco essent res nostrae" ⟨vgl. BARTELS 1992⟩. Für weitere Verbreitung des Friedensspruchs sorgte möglicherweise eine Schrift des J. A. Comenius, Unum necessarium, Amsterdam 1668 ⟨vgl. BÜCHMANN 1972⟩.

In nocte consilium
- Über Nacht kommt Rat. Zitiert von Fr. Bacon, Essays, 1625, 21.

In omni vitae genere licet philosophari
- In jeder Lebenslage kann man philosophieren. Wahlspruch des Arztes Piet Jensen (ca 1620) ⟨DIELITZ 1883⟩.

In puncto puncti
- Im Hinblick auf das sechste Gebot, in sexueller Hinsicht.

In puris naturalibus
- In reiner Natürlichkeit, im Naturzustand, d. i. nackt. Robert Bellarmin SJ (1542-1621) ⟨FRIED 1889⟩. Wohl schon bei Thomas von Aquin.

In re terrena / nihil aliud est nisi poena,
labor eminet atque catena, / nec lex nec juris habena
- Auf Erden gibt es nichts als Pein, / Arbeit herrscht vor und Gebundensein, / weder Gesetz noch der Zügel des Rechts. Pessimistische Weltbetrachtung ⟨MALL 1988, 58⟩.

In silvis lepōres, in verbis quaere lepōres
- In Wäldern sollst Du Hasen jagen, in Worten etwas witzig sagen. Merkvers zur Unterscheidung von lepus, -ŏris und lepus, -ōris ⟨SEPP 1885, 68⟩.

In tali tales capiuntur flumine pisces.
Siehe *Quales sunt rivi ...*

In terram Salicam mulieres ne succedant
- In Salischen Landen erben die Weiber nicht. Grundsatz der *Lex Salica*.

In terris nummus rex est hoc tempore summus
- Der höchste Herrscher dieser Welt, das ist in unserer Zeit das Geld. Leoninischer Hexameter ⟨SEPP 1885, 39⟩.

In Thomae laude / resono Bim Bom sine fraude
- Zu Thomas' Lob erklinge ich ohne Trug: Bim Bam. Frühere Inschrift auf der 1680 mit einer neuen Inschrift umgegossenen Thomas-Glocke (Great Tom) in der Christchurch in Oxford ⟨WALTER 1913, 376⟩.

In tormentis pinxit
- Er hat's unter Qualen gemalt. Signatur des gichtleidenden preußischen Königs Friedrich Wilhelm I (1688-1740) auf von ihm gemalten Bildern. Zitiert von Goethe im Brief an Fr. Schiller vom 20. 4. 1805: 'Ich weiß nicht, welcher Maler oder Dilettant unter ein Gemälde schrieb: In doloribus pinxit.'

In tristitia hilaris, in hilaritate tristis
- In Betrübnis heiter, in Heiterkeit betrübt. Wahlspruch von Giordano Bruno (1548?-1600). Zitiert von A. Schopenhauer, 2, 443.

In Tyrannos!
- Wider die Tyrannen! Motto der zweiten Auflage, der 1782 erschienenen sog. Löwenausgabe von Friedrich v. Schillers Schauspiel "Die Räuber". Es findet sich unter der Titelvignette, die einen sich drohend aufrichtenden Löwen zeigt. Das nicht vom Autor selbst veranlaßte, aber in die Zeitströmung des Sturms und Drangs passende Motto war auch Titel einer verlorenen Streitschrift Ulrichs v. Hutten.

In uno habitandum, in ceteris versandum
- In Einem soll man zu Hause sein, im übrigen sich zurechtfinden. Siehe A. Fritsch in: Vox Latina 1983, 315.

In usum Delphini
- Zum Gebrauch für den Dauphin. Bezeichnung von um anstößige

Stellen gekürzten Ausgaben von Druckschriften. Sie geht zurück auf eine Ausgabe der griechischen und römischen Klassiker, die von dem Historiker J. B. Bossuet (1627-1704) und dem Philosophen P. D. Huet (1630-1721) auf Veranlassung des Herzogs von Montausier (1610-90) in Paris in 64 Quartbänden 1674-1730 herausgegeben wurde, nachdem dieser 1668 zum Erzieher des Thronfolgers (Dauphins) Ludwigs XIV bestellt worden war ⟨vgl. BÜCHMANN 1972⟩.

In vestimentis non est sapientia mentis
- Klugheit klebt nicht an den Kleidern. Leoninischer Hexameter ⟨SEPP 1885, 49⟩.

In vili veste nemo tractatur honeste
- In schlechter Kleidung wird niemand anständig behandelt. Leoninischer Hexameter ⟨MALL 1988, 43⟩.

In vino feritas
- Im Wein ist Wildheit. Barocke Abwandlung des mittelalterlichen *In vino veritas*. Ähnlich die Vulgata (prov. 20, 1): *Luxuriosa res vinum et tumultuosa ebrietas* ⟨BÜCHMANN 1972⟩.

Incendium ignibus extinguitur
- Brand wird durch Feuer erstickt. Zitiert von M. E. de Montaigne, 3, 5. Siehe *Nimirum* ...

Incidis in Scyllam, cupiens vitare Charybdim
- Du fällst in die Scylla, während Du die Charybdis zu vermeiden suchst. Gaultier de Lille, Alexandreis, Ingolstadt 1545, 5, 301. In der Ausgabe Rouen 1485 in der Form: *Corruis in scyllam cupiens vitare caribdim* ⟨BENHAM 1948⟩.

Inclinant, non necessitant
- Sie machen geneigt, aber sie zwingen nicht. Auf die Sterne bezogener Grundsatz der Astrologie.

Index est animi sermo
- Die Sprache ist Ausdruck der Seele. Zitiert in Zodiacus Vitae, 1, 194 ⟨PALINGENIUS 1628⟩.

Indocti discant et ament meminisse periti
- Die Unwissenden sollen lernen, und die Erfahrenen mögen sich an der Erinnerung freuen. Charles Jean François Hénault (1685-1770), Hénault Abrégé chronologique de l'histoire de France, 3. Aufl., 1749. Gebildet nach Alexander Pope (1688-1744), Essay on criticism, 1711: Content, if hence th'unlearn'd their wants may view, / the learn'd reflect on what before they knew ⟨FUMAGALLI 1896, 397⟩. Öfters als Motto von Sachbüchern.

Industria et favore
- Durch Betriebsamkeit und Gunst. Wahlspruch des Goldschmieds Quintus von der Gracht ⟨DIELITZ 1883⟩.

Ineptire est juris gentium
- Dummsein ist Völkerrecht. Zitiert von A. Schopenhauer, 5, 427; auch mit der Variante *Desipere est juris gentium*, 5, 178.

Ingenium superat vires
- Verstand geht über Gewalt. Wahlspruch des spanischen Feldherrn Gonzalo Córdoba (1453-1515) ⟨KREBS 1896⟩.

Iniquissimam pacem justissimo bello antefero
- Den ungerechtesten Frieden ziehe ich dem gerechtesten Kriege vor. Maxime des britischen Politikers Charles James Fox (1749-1806) ⟨QUOTATIONS 1865⟩. Ähnlich Cicero: *Pax vel injusta utilior est quam justissimum bellum.*

Iniquum est aliquem rei sui esse judicem
- Es ist ungerecht, wenn jemand Richter in eigener Sache ist. Rechtsgrundsatz ⟨BENHAM 1948⟩.

Injuria injuriam cohibere licet
- Man darf Unrecht mit Unrecht in Schranken halten. Rechtsgrundsatz ⟨BENHAM 1948⟩. Siehe aber *Injuria non excusat injuriam* ⟨LIEBS 1982⟩.

Innatum est cunctis sublimia plurima scire
utque scias brevis est regula, scire velis
- Eingeboren ist allen, möglichst viel Erhabenes zu wissen; um (es) zu wissen, ist kurz die Regel: wolle wissen. Distichon, zitiert von G.

Chr. Lichtenberg, 1, 268, mit der Bemerkung: "Was Helvetius als einen neuen Satz vorträgt habe ich schon in einem sehr alten Buch gelesen." Gemeint ist der französische Philosoph Claude Adrien Helvetius (1715-71). Vgl. U. Joost in: Göttinger Jahrbuch 1978, 145.

Innocenter, patienter, constanter
- Unschuldig, geduldig, beharrlich. Wahlspruch des Eberhard Vorstius (+ 1624) 〈DIELITZ 1883〉.

Innumerabiles morbos miraris? Medicos numera!
- Wundern Dich die unzähligen Leiden, so zähle die Ärzte! Von Heinrich v. Kleist (1777-1811) angeblich einen Tag vor seinem Tode seinem Arzt ins Stammbuch geschrieben. Variante: *Coquos numera!* 〈QUOTATIONS 1865〉.

Insta nec cesses: aderunt post semina messes!
- Weiche nicht zurück, sei stat, / Ernten gibt es nach der Saat. Leoninischer Hexameter 〈SEPP 1885, 107〉.

Instaurator ruinae
- Wiederhersteller des Verfallenen. Wahlspruch der Forsyth 〈DIELITZ 1883〉.

Instrumenta non grandissima, sed aptissima opus perficiunt
- Nicht die größten, sondern die geeignetsten Werkzeuge bringen das Werk zustande. Fr. Bacon, Novum Organon.

Intellego ut credam
- Ich begreife, um zu glauben. Thomas Münzer (a. 1499-1525). Abwandlung von *Credo ut intellegam* des Anselm von Canterbury.

Intellegibilia, non intellectum, fero
- Ich bringe Euch Verständliches, aber nicht (schon) Verstandenes 〈QUOTATIONS 1865〉.

Inter artes medicina fructuosior nulla
- Unter den Künsten ist keine nützlicher als die Medizin. In Basel 1577 gebuchtes Lob der Heilkunst 〈KEIL 1893, 74〉.

Inter eclipses orior
- Während die anderen untergehen, gehe ich auf. Wahlspruch König Ludwigs XII von Frankreich (1462-1515). Bezogen auf das Sternbild des Bechers (Crater), das sichtbar wird, wenn größere Gestirne verschwinden. Anspielung auf die Thronbesteigung Ludwigs XII (1498) nach dem Tode des kinderlosen Karl VIII ⟨DIELITZ 1883⟩.

Inter Graecos Graecissimus inter Latinos Latinissimus
- Unter den Griechen der griechischste, unter den Lateinern der lateinischste. Lob des Rudolph Agricola (1443-85) durch D. Erasmus.

Inter prandium: primum silentium, / secundum: stridor dentium, / tertium: rumor bibentium, / quartum: vox clamantium, / quintum: vociferatio amentium
- Während des Essens herrscht erst Stille, dann das Geräusch der Zähne, drittens das Gemurmel der Trinkenden, viertens die Stimmen der Schreienden, fünftens das Grölen der sinnlos Betrunkenen. Verlauf einer festlichen Mahlzeit ⟨MALL 1988, 32⟩.

Inter utrumque
- Zwischen beiden. Devise der belgischen Universität Gent ⟨DIELITZ 1883⟩. Siehe *Inter utrumque manet virtus extrema relinquens* ⟨ÖRTEL 1842, 81⟩.

Interna praestant
- Die inneren (Werte) stehen höher. Wahlspruch der Kurfürstin Anna von Sachsen (1532-85) ⟨DIELITZ 1883⟩.

Intrent securi, qui tentant vivere puri
- Sicher trete herein, wer rein zu leben erstrebet. Leoninischer Hexameter als Torinschrift in Capua ⟨KEIL 1893, 23⟩.

Introite, nam et hic dii sunt
- Tretet ein, denn auch hier sind Götter. Auf Worte des Heraklit zurückgehendes Motto zu Lessings 'Nathan der Weise'. Bei Lessing mit dem unrichtigen Zusatz 'apud Gellium' ⟨vgl. BÜCHMANN 1972, 500⟩.

Intus Hecuba, foris Helena
- Innerlich häßlich, äußerlich schön. Nach *"Intus Nero, foris Cato"*

des Hieronymus, epist. 125, 18, gebildet ⟨MANUTIUS 1609, 1046⟩.

Intus Herodes, foris Johannes
- Innerlich Herodes, äußerlich Johannes. Siehe *Intus Hecuba* ... ⟨NO-VARINUS 1651⟩

Inveni portum; Spes et Fortuna valete!
Sat me lusistis; ludite nunc alios
- Ich habe den Hafen gefunden, Hoffnung und Glück lebet wohl! Ihr habt mir genug mitgespielt, spielt nun mit anderen. Übersetzung eines griechischen Grabspruchs durch Janus Pannonius (1434-72). In dieser Form zitiert von Alain René Lesage (1668-1747), Gil Blas, 8, 9.

Inventa lege, inventa fraude
- Zugleich mit dem Gesetz wird seine Umgehung erfunden. Rechtssprichwort ⟨HERHOLD 1886, 127⟩.

Invictis victi victuri
- Den Unbesiegten die Besiegten, die leben (oder: siegen) werden. Inschrift des am 10. Juli 1926 enthüllten Denkmals für die im 1. Weltkrieg gefallenen Studierenden, Dozenten und Beamten der Berliner Universität. Der im letzten Worte doppelsinnige Spruch wurde von dem Berliner Theologen Reinhold Seeberg (1859-1935) geprägt und von ihm zuerst bei einer Trauerfeier im Berliner Dom am 24. Mai 1919 gebraucht.

Irae modereris et ori
- Mäßige Zorn und Zunge. Wahlspruch Herzog Ludwigs von Bayern (+ 1545) ⟨DIELITZ 1883⟩.

Irreparabilium felix oblivio rerum
- Glücklich ist das Vergessen der unwiederbringlichen Dinge. Wahlspruch des Herzogs Friedrich zu Sachsen (+ 1622) ⟨DIELITZ 1883⟩.

Is unus bibliotheca magna
- Dieser eine ist eine große Bibliothek. Jean Mabillon (1632-1707) oder Father Finardi zugeschriebenes Anagramm des latinisierten Namens des Bibliothekars des Großherzogs von Toscana, Antonius Magliabbechius (Magliabechi, 1633-1714). Es wurde einem Bildnis Ma-

gliabechis in der Nationalbibliothek zu Florenz zugefügt 〈vgl. FU-
MAGALLI 1896, 319〉.

Ito quo voles, petito quae cupis, abito quando voles
– Geh' wohin Du magst, verlange, was Du begehrst, scheide wann Du
willst. Inschrift am Palast des Kardinals Scipio Borghese in Rom
〈MALL 1988, 105〉.

Jacet, tacet, placet
– Ihr wohlgeneigt, die liegt und schweigt. Grabschrift für eine zänki-
sche Ehefrau 〈WEIS 1939, 2, 74〉.

Jacturam ostendet dies
– Der Tag wird den Schaden zeigen. Wahlspruch des Herzogs Christian II zu Sachsen (+ 1611) 〈DIELITZ 1883〉.

Jani Parrhasii et amicorum.
Besitzervermerk in den Büchern des neapolitanischen Humanisten Gi-
ani Parrasio. Entsprechend findet sich auf den kunstvollen Einbänden
des französischen Bibliophilen Jean Grolier (1479-1565) der Vermerk:
Io. Grolerii et amicorum. Nachahmungen sind öfters bezeugt. So
schrieb in der ersten Hälfte des 16. Jahrhunderts der venezianische
Bibliophile Tommaso Maioli in seine Bücher: *Th. Maioli et amicorum*
〈FUMAGALLI 1896〉.

Joannes jacet hic Mirandula; caetera norunt
et Tages et Ganges: forsan et Antipodes
– Hier liegt Johannes Mirandola; das übrige wissen sowohl der Tajo
als der Ganges, vielleicht auch die Antipoden. Grabschrift für den
Humanisten Giovanni Pico della Mirandola (1463-94) in San Marco zu
Florenz 〈vgl. FUMAGALLI 1896, 50〉.

Judicis est recti, nec munere nec prece flecti
– Ein rechter Richter läßt sich weder durch Gaben noch durch Bitten
bewegen. Leoninischer Hexameter 〈SEPP 1885, 54〉.

Judicis officii est ambas dignoscere partes;
pro merito tandem reddere cuique suum
- Es ist Aufgabe des Richters, zwischen (den Ansprüchen der) beiden Parteien zu unterscheiden und schließlich jedem nach seinem Verdienst das Seine zukommen zu lassen. Distichon von Matthias Borbonius, Delitiae Poetarum Germanorum, 1612.

Judicium posteritatis melius erit
- Das Urteil der Nachwelt wird besser lauten. Wahlspruch des Fürstbischofs Theodor zu Paderborn (+ 1618) ⟨DIELITZ 1883⟩.

Juridicis, medicis, fisco fas vivere rapto.
- Ungestraft von dem zu leben, was errafft ist und geraubt, / ist den Ärzten, den Juristen und dem Fiskus nur erlaubt. Zitiert von R. Burton, 2, 4, 1, 1.

JUS carum est terris, Superis TUS: nempe ita Justus carus erat terris, carus erat Superis.
Epitaph für den Philologen Justus Lipsius (1547-1606) ⟨WEIS 1976, 120⟩.

Jus et aequitas civitatum vincula
- Recht und Billigkeit sind die Bande der Staaten. Devise der Stadt Minden ⟨DIELITZ 1883⟩.

Jus primae noctis
- Das Recht der ersten Nacht. Im Mittelalter das Recht des Gutsherrn, bei Verheiratung weiblicher Höriger ihnen zuerst beizuwohnen; später durch den Jungfernzins in Geld abgelöst. Die tatsächliche Ausübung des Rechts ist schlecht belegt. Herkunft der lateinischen Fassung ungewiß.

Justitia et pietas sunt regnorum omnium fundamenta
- Gerechtigkeit und Frömmigkeit sind die Grundlagen aller Reiche. Inschrift am Hohen Tor in Danzig ⟨WEIS 1976, 129⟩.

Justitia non novit patrem nec matrem; solum veritatem spectat
- Die Gerechtigkeit kennt weder Vater noch Mutter; sie achtet nur auf die Wahrheit ⟨BENHAM 1948⟩.

Justitia regnorum fundamentum
- Gerechtigkeit ist die Grundlage der Königreiche. Wahlspruch Kaiser Franz I von Österreich (1768-1835) ⟨QUOTATIONS 1865⟩.

Labor absque labore
- Arbeit ohne Mühe. Inschrift an der Bibliothek von Florenz ⟨WEIS 1976, 124⟩.

Lac post vinum venenum
- Milch auf Wein ist Gift ⟨ARTHABER 1972⟩.

Lac vinum infantum, vinum lac senum
- Milch ist der Kinder Wein, der Wein die Milch der Greise ⟨BO-DEUSCH 1866, 204⟩.

Laeditur Urbanus, non claudicat inde Rhabanus
- Wenn sich Urban etwas bricht, / hinkt davon Rhabanus nicht. ⟨LEHMANN 1630⟩.

Laesae libertatis affectus
- Betroffenheit über verletzte Freiheit. Wahlspruch des Herzogs Wilhelm von Cleve (+ 1539) und des Dogen von Venedig Petro Mocenigo (+ 1477) ⟨DIELITZ 1883⟩.

Laeso et invicto militi
- Dem verletzten und unbesiegten Soldaten. Aufschrift des Berliner Invalidenhauses.

Lapis anguli caput
- Der Eckstein ist die Hauptsache. Auf den Namen anspielender Wahlspruch des Buchdruckers Johann v. d. Steene (+ 1576) ⟨DIELITZ 1883⟩.

Laqueus Smalcaldensis contritus est et nos liberati sumus
- Die Schmalkaldische Schlinge ist zerrissen, und wir sind befreit. Kaiser Karl V (1500-58) nach der Schlacht bei Mühlberg (1547) ⟨DIE-LITZ 1883⟩. Nach Psalm 124, 7: *Laqueus contritus ...*

Largus ex penu Dei
- Freigebig aus Gottes Vorrat. Wahlspruch Herzog Friedrich Christians zu Braunschweig (+ 1634) mit Bezug auf die Silberbergwerke im Harz ⟨DIELITZ 1883⟩.

Lateat scintillula forsan
- Ein Fünkchen (Leben) mag vielleicht verborgen sein. Wahlspruch der englischen Royal Humane Society zur Auffindung ertrunkener Personen ⟨QUOTATIONS 1865⟩.

Laudant, quod non intellegunt
- Sie loben, was sie nicht verstehen. Abwandlung von Quintilians Mahnung: *Ne ... damnent quae non intellegunt* (Inst. 10, 2, 26).

Laudat alauda Deum, dum sese tollit in altum,
dum cadit in terram, laudat alauda Deum
- Gottes Lob die Lerche singt, wenn sie sich zum Himmel schwingt; / während sie zur Erde fällt, lobt sie Gott, den Herrn der Welt. Distichon zum Lob der Lerche ⟨CAPELLANUS 1966, 173⟩.

Laudat alauda Deum tirili tirilaque canendo.
Hexameter zum Lob der Lerche ⟨WEIS 1939, 1, 29⟩. Die Lautmalerei auch bei Fr. Taubmann, Schediasmata poetica innovata, 1619, 358: *Ecce suum tireli tireli tiritirlire tractim / candida per vernum ludit alauda polum.*

Laudat alauda Deum, volucris pia, solis ab ortu;
solis ad occasum laudat alauda Deum
- Schon im frühen Morgenrot lobt die fromme Lerche Gott; bis zum Sonnenuntergang tönt der Lerche Lobgesang. Distichon zum Lob der Lerche ⟨ÖRTEL 1842, 98⟩.

Laus est facere quod decet, non quod licet
- Löblich ist, zu tun, was sich ziemt, nicht was erlaubt ist. Rechtssprichwort, zitiert von Kardinal Thomas Wolsey (1474/75-1530) ⟨QUOTATIONS 1865⟩.

Laus tua, non tua fraus, virtus, non copia rerum
scandere te fecit hoc decus eximium
- Dein Lob, nicht Dein Betrug, Deine Tugend, nicht der große Besitz,

ließ Dich zu dieser höchsten Ehre aufsteigen. Epigramm auf Papst Pius II (reg. 1458-64), dessen Hexameter als *versus retrogradus* den entgegengesetzten Sinn ergibt ⟨KEIL 1893, 21⟩.

Legant prius et postea despiciant, ne videantur non ex judicio, sed ex odii praesumptione ignorata damnare
- Sie mögen es vorher lesen und dann verschmähen, damit es nicht so aussieht, als ob sie nicht vermöge ihrer Urteilskraft sondern aus gehässiger Voreingenommenheit Unbekanntes verurteilen. Von Lope de Vega (1562-1635) seinem von Kritikern ungünstig aufgenommenen Werk 'Jerusalem' vorangestellt ⟨QUOTATIONS 1865⟩.

Legatus est vir bonus peregre missus ad mentiendum Reipublicae causa
- Ein Botschafter ist ein rechtschaffener Mann, in die Fremde geschickt, um für sein Land zu lügen. Von Sir Henry Wotton ins Album seines Freundes Christopher Fleckamore geschrieben, als er 1607 durch Augsburg kam auf dem Weg nach Venedig, um dort die englische Botschaft zu übernehmen. Kaspar Schoppe (Scioppius 1576-1649) veröffentlichte den Satz Jahre später in Latein und trug damit dazu bei, daß Wotton die Gunst König Jakobs I (1566-1625) verlor ⟨GOICOECHEA 1952, 137⟩.

Legio patria nostra
- Die Legion ist unser Vaterland. Devise der französischen Fremdenlegion.

Legor et legar
- Man liest mich und man wird mich lesen. (Zitiert von) A. Schopenhauer, 3, 173.

Lenit victoria mortem
- Der Sieg lindert den Tod. Wahlspruch des Gaston von Foix (+ 1512) ⟨DIELITZ 1883⟩.

Leti cacalibri
- Leti der Bücherkacker. Spottname des wegen seiner Vielschreiberei notorischen italienischen Historikers Gregorio Leti (1630-82). Zitiert von G. Chr. Lichtenberg, 1, 314.

Leve incommodum tolerandum est
- Eine leichte Unbequemlichkeit ist hinzunehmen ⟨BENHAM 1948⟩.

Levis est labor omnis amanti
- Für den Liebenden ist jede Arbeit leicht ⟨HEMPEL 1890, 207⟩. Ähnlich Cicero (or. 10, 33): *Nihil difficile amanti puto.*

Lex appetit perfectum
- Das Gesetz erstrebt das Vollkommene. Rechtssprichwort ⟨BENHAM 1948⟩.

Lex est, quod notamus
- Gesetz ist, was wir aufzeichnen. Auf Jean Baptiste de Santeuil (1630-97) zurückgehende Devise der französischen *Chambre des notaires* ⟨LAROUSSE 1992, 1062⟩.

Lex justo non est posita
- Das Gesetz ist nicht für den Gerechten gemacht. Wahlspruch des Landgrafen Moritz von Hessen (+ 1632) ⟨DIELITZ 1883⟩.

Lex mihi ars
- Die Kunst ist mir Gesetz ⟨Marcus Winiarczyk, Sigla Latina in libris impressis occurrentia, Breslau 1977⟩. Auch mit der Abkürzung 'l. m. a.' als makkaronisches Latein gebraucht. Im 16. Jh. belegt.

Lex, rex, grex, res, spes, jus, thus, sal, sol, bona, lux, laus:
Mars, mors, sors, fraus, faex, Styx, nox, crux, pus, mala, vis, lis.
Dem Mathematiker Thomas Lansio, der in der ersten Hälfte des 17. Jh. in Tübingen lehrte, zugeschriebenes Distichon, dessen einsilbige Wörter untereinander beliebig austauschbar sind und insgesamt 39.916.800 Permutationen erlauben ⟨FUMAGALLI 1975⟩. Es handelt sich um einen sog. *Versus Proteus*, der sich wie der Riese Proteus in immer neue Formen verwandeln kann ⟨vgl. WEIS 1976⟩.

Lib(era) Ita(liam) ab ext(eris)
- Befreie Italien von den Fremden. Wahlspruch der italienischen Schriftstellerin und Patriotin Cristina Belgiojoso, Fürstin von Trivulzio (1808-71).

Libertas est potestas faciendi id quod jure licet
- Freiheit ist die Möglichkeit zu tun, was gesetzlich erlaubt ist.
Ähnlich Montesquieu: "La liberté est le droit de faire tout ce que les
lois permettent" ⟨BENHAM 1948⟩.

Libertas et justitia
- Freiheit und Gerechtigkeit. Devise der Vereinigten Staaten von
Nordamerika ⟨DIELITZ 1883⟩.

Libertas liberis curae
- Die Freien müssen sich um die Freiheit sorgen. Devise von Stadt
und Kanton Bern ⟨DIELITZ 1883⟩.

Libertas sub metu
- Freiheit in der Furcht. Wahlspruch des Dogen von Venedig Francesco Donato (+ 1533) ⟨DIELITZ 1883⟩.

Libertatem quam peperere maiores digne studeat servare posteritas
- Die Freiheit, welche die Vorfahren erwarben, bemühe sich die
Nachwelt geziemend zu bewahren. Inschrift am Hamburger Rathaus.

Liberum veto
- Das uneingeschränkte Vetorecht, mit dem im polnischen Reichstag
Gesetzesvorlagen durch den Einspruch auch nur eines Abgeordneten
zu Fall gebracht werden konnten. Der Abstimmungsmodus gilt u. a.
im Sicherheitsrat der Vereinten Nationen.

Libri quosdam ad scientiam, quosdam ad insaniam deduxere
- Bücher haben manche zum und andere um den Verstand gebracht.
Geyler, Navicula Fatuorum, Straßburg 1510, 1.

Libro completo saltat scriptor pede laeto
- Anbetrachts des Buchabschlusses / hüpft der Schreiber frohen Fußes. Leoninischer Hexameter ⟨SEPP 1885, 78⟩.

Lilia pedibus destruite!
- Zertretet die Lilien! Gegen das Symbol der Bourbonen gerichtete
Schmähung des Grafen Cagliostro (Joseph Balsamo 1743-95) ⟨MALL
1988, 68⟩.

Lingua Tertii Imperii
- Die Sprache des Dritten Reiches. Der Romanist Victor Klemperer (1881-1960) untersuchte die von ihm so benannten und LTI abgekürzten Spracheigenheiten und Neubildungen der NS-Zeit in seinem 1946 erschienenen 'Notizbuch eines Philologen'.

Litigando jura crescunt
- Prozessieren stärkt die Rechte. Von Fr. Rabelais, 2, 42, zitierter Rechtsgrundsatz, den der Romanist Rudolph v. Jhering (1818-92), Der Kampf um's Recht, Wien 1871, in fragwürdiger Weise verabsolutiert hat.

Litteris et patriae
- Den Wissenschaften und dem Vaterland. Inschrift am Hauptgebäude der Straßburger Universität.

Loco et tempore
- Am rechten Ort zu rechter Zeit. Wahlspruch des Königs Peter II von Portugal (1648-1706) ⟨DIELITZ 1883⟩.

Loquendum ut vulgus, sentiendum ut sapientes
- Man soll reden wie das Volk, aber denken wie die Weisen. 1605 zitiert von Fr. Bacon, The advancement of learning, London 1950, 134. Auch: ... *ut docti* ⟨BENHAM 1948⟩.

Loquere, ut te videam
- Rede, damit ich Dich sehe. Lateinische Fassung eines Sokrates zugeschriebenen Ausspruchs, zitiert von Fr. Petrarca (3, 71): *Alterum adolescentem cum vidisset ingenuo vultu atque habitu sed tacitum: 'Loquere' inquit, 'ut te videam'*. Deutsche Fassung bei Johann Georg Hamann (1730-88), Kreuzzüge des Philologen, 1762.

Luca potens sternit sibi quae contraria cernit
- Das mächtige Lucca wirft nieder, was es als ihm widerstrebend erkennt. Devise der italienischen Stadt Lucca ⟨MALL 1988, 51⟩.

Luce resurgo nova
- In neuem Glanz erhebe ich mich wieder. Devise der Stadt Stettin nach der Eroberung durch Kurfürst Friedrich Wilhelm von Brandenburg (1620-88) im Jahre 1677 ⟨DIELITZ 1883⟩.

Lucida intervalla
- Lichte Augenblicke, bezogen auf die Zeiten, in denen ein Geistes-kranker das volle Bewußtsein vorübergehend wiedererlangt. Zitiert von R. Burton, 1, 2, 24. Auch: *Dilucida intervalla.*

Lucida lucenti lucescis, Lucia, luce:
lux mea lucescat, Lucia, luce tua
- Leuchtende Lucia, Du erstrahlst mit leuchtendem Licht; möge mein Licht, Lucia, durch Dein Licht erstrahlen. Wohl zu Unrecht dem ita-lienischen Dichter Gabriello Chiabrera (1552-1638) zugeschriebenes Distichon an der Fassade des Oratoriums von S. Lucia in Savona ⟨FUMAGALLI 1975⟩.

Lucrum malum aequale dispendio
- Ein auf schlechte Weise erlangter Gewinn ist so viel wie ein Ver-lust ⟨BENHAM 1948⟩.

Luna eius crescit in orbem
- Sein Mond wächst zum Vollmond. Wahlspruch König Ludwigs XIII von Frankreich (reg. 1610-43) als Dauphin ⟨DIELITZ 1883⟩.

Luna mendax
- Der lügnerische Mond. Er galt für lügenhaft, weil der abnehmende Mond an die Form von C(resco), der zunehmende an D(ecresco) erin-nert ⟨SEPP 1885, 108⟩. Dabei war noch nicht bekannt, daß es sich, wie Christian Morgenstern nachwies, um einen typisch deutschen Ge-genstand handelt.

Lusus naturae
- Ein Naturspiel. Bezeichnung für auffällig gebildete Mineralien, Pflanzenteile u. dgl., die an Gegenstände anderer Art erinnern (Eis-blumen, Dendriten).

LUTHER - Lux Vera Totius Huius Ecclesiae Romanae.
Acrostichon auf Martin Luther ⟨MALL 1988, 53⟩.

Lux est umbra Dei
- Das Licht ist der Schatten Gottes. Titel eines Gedichts von J. Ad-dington Symonds (1840-95). Ähnlich *Lumen umbra Dei,* auf das

Handwerk anspielende Devise der Glaserinnung von London ⟨DIELITZ 1883⟩.

Lux post tenebras
- Licht nach der Finsternis. Devise der Stadt Straßburg ⟨DIELITZ 1883⟩.

Maecenates voco
- Ich rufe Gönner. Devise des 1920 gegründeten, 1949 wiedererrichteten Stifterverbandes für die deutsche Wissenschaft.

Maestorum mulcet modulatu Musica mentes, Musica mortali mannaque melque merum.
Alliterierendes Distichon zum Lob der Musik ⟨WEIS 1976, 23⟩.

Magna civitas, magna solitudo
- Große Stadt, große Einsamkeit. Zitiert von Fr. Bacon, Essays, 1625, 27.

Magna ingenia conspirant
- Schöne Geister finden sich ⟨BODEUSCH 1866, 215⟩. Deutsche Fassung durch Heinrich Heine.

Magna Verona vale, valeas per saecula semper, et celebrent gentes nomen in orbe tuum
- Lebe wohl, großes Verona, blühe für alle Zeiten, und die Völker sollen Deinen Namen in der Welt feiern. Distichon zum Lobe Veronas ⟨MALL 1988, 62⟩.

Magna voluisse magnum - Occubuit fato. Jacet ingens litore truncus avolsumque caput; tamen haud sine nomine corpus
- Großes gewollt zu haben, ist groß. Er erlag dem Schicksal. Der gewaltige Körper liegt am Strand, der Kopf abgetrennt; dennoch ist der Körper nicht namenlos. Ferdinand v. Schills (1776-1809) Grabschrift auf dem Friedhof von St. Jürgen in Stralsund. Gebildet nach Vergil (Aen. II, 557), wo der zweite Vers heißt: *Avolsumque umeris caput et sine nomine corpus.* Schills Leichnam wurde ohne Kopf be-

stattet. Dieser wurde zunächst im Museum zu Leiden in Spiritus aufbewahrt und 1837 in Braunschweig mit dort begrabenen Kameraden in einem Mausoleum beigesetzt. Die Grabplatte mit der Inschrift in Stralsund wurde unlängst entwendet.

Magni refert, quibuscum vixeris
- Es kommt sehr darauf an, mit welchen Leuten Du gelebt hast ⟨QUOTATIONS 1865⟩.

Major et apud posteros futurus, si minor esse voluisset
- Er würde der Nachwelt größer erschienen sein, wenn er kleiner hätte sein wollen. Im Hinblick auf D. Erasmus bei Aubrotus Miraeus, Elogia Belgica.

Majora sequentur
- Größere (Taten) werden folgen. Wahlspruch König Heinrichs II von Frankreich (1518-59) nach der Einnahme von Calais (1558) ⟨DIELITZ 1883⟩.

Majore forsitam cum timore sententiam in me fertis, quam ego accipiam
- Vielleicht sprecht ihr mit größerer Furcht dieses Todesurteil über mich aus, als ich es annehme. Giordano Bruno (1548-1600) zu seinen Richtern. Francesco de Sanctis, Geschichte der italienischen Literatur, Stuttgart 1943, 2, 314.

Majorem fidem homines adhibent iis, quae non intellegunt
- Die Menschen halten für glaubwürdiger, was sie nicht verstehen. Zitiert von M. E. de Montaigne, 3, 11.

Mala mali malo meruit mala maxima mundo
- Die Kinnlade des Bösen verursachte durch den Apfel der Welt große Übel. Alliterierender Hexameter ⟨WEIS 1976, 23⟩.

Mala multa struens se ipsum perdidit.
Wortspiel auf den zum Tode verurteilten dänischen Staatsmann Johann Friedrich Graf von Struensee (1737-72), dem sein Verhältnis mit der dänischen Königin Karoline Mathilde verübelt wurde, aus dem 1771 eine Tochter, Urgroßmutter der deutschen Kaiserin Auguste Viktoria, hervorgegangen ist ⟨WEIS 1976, 66⟩.

Mali consilio
- Auf Rat des Bösen. Auf Herzog Adolf von Jülich, Kleve und Berg (+ 1437) bezogener Denkspruch; wohl im Hinblick darauf, daß er seinen Vater gefangen setzte ⟨DIELITZ 1883⟩.

Malo bonum compensare nefas
- Gutes mit Bösem zu vergelten ist Unrecht. Devise des Grafen Eberhard zu Solms (+ 1596).

Malo habere scholam desolatam quam dissolutam
- Ich möchte lieber eine verlassene als eine aufgelöste Schule haben. Der Wittenberger Professor Fr. Taubmann als Rektor 1608 zur Begründung der Relegation dreier Studenten ⟨Taubmanniana, Frankfurt u. Leipzig 1722, 108⟩.

Malo libertatem periculosam quam quietam servitutem
- Lieber eine mit Gefahr verbundene Freiheit als eine ruhige Knechtschaft. Als Ausspruch eines Polen zitiert von J. G. Seume, 1262. Variante: *Malim inquietam libertatem quam quietum servitium* ⟨QUOTATIONS 1865⟩.

Malum bene conditum ne moveris
- Rühre nicht an ein gut verstecktes Übel ⟨BENHAM 1948⟩.

Mane rubens caelum venturos indicat imbres
- Morgenrot zeigt Regen an. Hexameter als Wetterregel ⟨SEPP 1885, 46⟩.

Manet ultima caelo
- Die letzte (Krone) harrt im Himmel. Wahlspruch König Heinrichs III von Frankreich (1551-89), der 1573 zum König von Polen gewählt wurde und 1574 die Krone Frankreichs nach dem Tode seines Bruders Karl IX erwarb. Die Wendung stammt aus einem sechszeiligen Epigramm des Guil. Paschasius (1574) ⟨DIELITZ 1883⟩.

Manu potenti et brachio excelso
- Mit mächtiger Hand und erhobenem Arm. Wahlspruch von Stephan Bathori, König von Polen (1533-86) ⟨DIELITZ 1883⟩.

Manus Domini protegat me
- Gottes Hand beschütze mich. Wahlspruch der Königin Maria von Ungarn (1505-1558) ⟨DIELITZ 1883⟩.

**Manus haec inimica tyrannis
ense petit placidam sub libertate quietem**
- Diese Hand, die den Tyrannen feindlich ist, sucht mit des Schwertes Hilfe friedliche Ruhe in Freiheit. Dem englischen Politiker Algernon Sidney (1622-83) zugeschrieben. Den ersten Vers schrieb er vermutlich 1660 in das Gedenkbuch der Kopenhagener Universität ⟨DIELITZ 1883⟩. Der zweite Vers ist die Devise von Massachusetts ⟨BENHAM 1948⟩.

Mare ditat, rosa decorat
- Das Meer macht reich, die Rose ziert. Auf den Namen anspielende Devise der Stadt Montrose in Schottland ⟨DIELITZ 1883⟩.

Mares haec femina vincet
- Diese Frau wird Männer besiegen. Denkspruch auf Jeanne d'Arc (1412-31) ⟨DIELITZ 1883⟩.

Mars restitutor, vindex, pacifer
- Der Krieg stellt wieder her, rächt und bringt Frieden. Wahlspruch des französischen Marschalls Louis Hector Herzog von Villars (1653-1734), der sich im Spanischen Erbfolgekrieg auszeichnete und mit dem Prinzen Eugen den Rastatter Frieden verhandelte ⟨DIELITZ 1883⟩.

Marte vel arte
- Mit Gewalt oder List. Wahlspruch des Herzogs Barnim XII von Pommern (+ 1603) ⟨DIELITZ 1883⟩.

Maxima incommoda cum statu militari conjuncta
- Die größten Unbequemlichkeiten sind mit dem Soldatenstand verbunden. Als Stammbuchspruch (Eisenach 1762) belegt ⟨KEIL 1893, 233⟩.

Maxima pars eorum, quae scimus, est minima pars eorum, quae nescimus
- Der größte Teil dessen, was wir wissen, ist der kleinste dessen,

was wir nicht wissen ⟨QUOTATIONS 1865⟩.

Maximus novator tempus
- Die Zeit ist der größte Erneuerer ⟨QUOTATIONS 1865⟩.

Me juvat auspiciis magnorum adolescere divum
- Mir gefällt es, unter dem Schutz großer Götter zu reifen. Wahlspruch des Herzogs Carl Friedrich von Jülich (+ 1575).

Me mortuo terra misceatur incendio
- Nach meinem Tod mag die Welt in Flammen aufgehen ⟨TAPP 1539⟩. Ähnlich dem Ausruf: 'Après nous le déluge', den die Marquise von Pompadour (1720-64) nach der Schlacht bei Roßbach (1757) gebraucht haben soll, und der wiederum auf ein Epigramm des Strabon (2. Jh.) zurückgeht ⟨vgl. BÜCHMANN 1972⟩.

Me pictura tenet
- Mich fesselt die Malerei. Wahlspruch des Historiographen Joh. Sambucus (Sambucky, + 1584); gebildet nach Cicero (acad. 4, 20, 7).

Medicus curat, natura sanat
- Der Arzt hilft, die Natur heilt. Sprichwort unbekannter Herkunft ⟨REICHERT 1956, 332⟩.

Medicus minister naturae
- Der Arzt ist Diener der Natur ⟨BAYER 1993, 1145⟩. Weniger prägnant der Wahlspruch des Arztes Andreas Planer (1592): *Naturae sunt morborum medicae, medicus autem est minister naturae* ⟨KEIL 1893, 74⟩.

Medio in cursu metuo
- Mitten im Laufe fürchte ich mich. Wahlspruch des Herzogs Julius von Braunschweig (1528-89) ⟨DIELITZ 1883⟩.

Mediocria firma
- Festige das Mittelmaß. Wahlspruch des englischen Staatsmanns Sir Nicholas Bacon (1509-79), den er über dem Eingang seines Hauses in Gorhambury anbringen ließ. Th. B. Macaulay, Essays, o. J., 2, 298, bemerkte dazu: "This maxim was constantly borne in mind by himself and his colleagues. They were more solicitous to lay the foun-

dations of their power deep than to raise the structure to a conspicuous but insecure height."

Mediolani me signa verentur
- Mailands Fahnen fürchten mich. Devise des Grafen Gaston von Foix (1489-1512), der 1512 dem Herzog von Longueville im Kommando der italienischen Armee folgte ⟨DIELITZ 1883⟩.

Meditatio mortis est optima philosophia
- Des Todes gedenken ist die beste Weisheit. Inschrift auf dem Grabdenkmal des österr. Feldmarschalls Gideon Frh. von Laudon (1717-90) im Wald zu Hadersdorf (Wien XIV) ⟨KREBS 1896⟩.

Medium aevum
- Das Mittelalter. Zuerst wohl bei Nikolaus von Kues (1401-64). Von Christoph Cellarius (1638-1707), Historia antiqua, Zeitz 1685, für einen Zeitraum gebraucht, der von Konstantin d. Gr. bis zur Eroberung von Konstantinopel (1453) reicht. Seine Einteilung der Geschichte, die auch seiner *Historia medii aevi,* Zeitz 1688, zugrundeliegt, weicht von der überkommenen der christlichen Geschichtsschreibung in die 'vier Monarchien' ab.

Mel in ore ...
Siehe *Multis annis ...*

Meliora fortuna notabit
- Besseres wird das Schicksal verzeichnen. Wahlspruch des Markgrafen Sigismund von Brandenburg (+ 1640) ⟨DIELITZ 1883⟩.

Melita liberata fugatur Turca
- Nach der Befreiung Maltas wird der Türke vertrieben. Jean de la Valette Parisot, Großmeister des Johanniterordens (+ 1568) ⟨DIELITZ 1883⟩.

Melius est clarum fieri quam nasci
- Es ist besser, berühmt zu werden als berühmt geboren zu sein. Axel Oxenstierna (1583-1654) ⟨FUMAGALLI 1896, 48⟩.

Memento audere semper
- Gedenke stets zu wagen. Wahlspruch des italienischen Dichters und Politikers Gabriele d'Annunzio (1863-1938).

Memento mori
- Gedenke, daß Du sterben mußt. Die Herkunft der prägnanten Fassung eines Grundgedankens der delphischen Theologie ist ungeklärt ⟨vgl. BARTELS 1992⟩.

Mene nunquam?
- Mich etwa niemals? Wahlspruch des spanischen Heerführers Ambrosio Spinola (1571-1630) ⟨DIELITZ 1883⟩.

Mens cuiusque is est quisque
- Der Geist eines jeden ist er selbst. Wahlspruch von Samuel Pepys (1633-1703).

Mens fervida in corpore lacertoso
- Ein feuriger Geist in einem muskulösen Körper. Abwandlung von Juvenals *Mens sana in corpore sano* (sat. 10, 356) durch Pierre de Coubertin (1863-1937) anläßlich der Olympischen Spiele in Paris 1924 ⟨Pierre de Coubertin, Der Olympische Gedanke, Schorndorf 1967, 106⟩.

Mens invicta manet
- Der Geist bleibt unbesiegt ⟨BENHAM 1948⟩.

Mensibus 'erratis' lapidibus ne sedeatis
- In den Monaten mit 'R' soll man sich nicht auf Steine setzen. Gesundheitsregel in Form eines Leoninischen Hexameters ⟨FUMAGALLI 1975⟩.

Mensibus his cancer bonus est, in nomine quorum deficit R pueris littera nota bonis
- In den Monden ohne 'R' / ist der Krebs gut zum Verzehr. Kulinarisches Distichon ⟨SEPP 1885⟩.

Mensibus, in quibus R, post prandium fit somnus aeger, in quibus R non est, somnus post prandia prodest
- In Monaten mit 'R' macht der Schlaf nach der Mahlzeit unwohl; in

denen ohne 'R' ist er bekömmlich. Gesundheitsregel ⟨FUMAGALLI 1975⟩.

Mente et malleo
- Mit dem Geist und dem Hammer. Inschrift an den geologischen Instituten in Bonn und Freiberg/Sa.

Mente et manu
- Mit Geist und Hand. Wahlspruch des belgischen Geographen Abraham Ortelius (1547-98), der 1570 in Antwerpen die erste größere Sammlung neuerer Landkarten unter dem Titel 'Theatrum orbis terrarum' herausgab ⟨DIELITZ 1883⟩.

Mercatura non derogat nobilitati
- Handel entwürdigt nicht. Englischer Rechtsgrundsatz ⟨QUOTA-TIONS 1865⟩. Abweichend davon waren in deutschen Ländern dem Adel herkömmlich nur bestimmte, zumal mit der Landwirtschaft verbundene Gewerbe erlaubt.

Mersus, ut emergam
- Untergetaucht, um aufzutauchen. Wahlspruch des französischen Marschalls François de Bassompierre (1579-1646), der auf Befehl Richelieus 1631-43 in der Bastille saß ⟨DIELITZ 1883⟩.

Messis ab alto
- Ernte von hoher See. Mehrdeutige Devise der englischen Fischer-Innung ⟨DIELITZ 1883⟩.

Mictum teneatis amici
- Freunde, macht Euch nicht naß. Abwandlung von G. Chr. Lichtenberg, 1, 688, des horazischen (Ars. 5) *Risum teneatis, amici?*

Mihi et mea
- Auch das Meine ist für mich. Wahlspruch der englischen Königin Anna Boleyn (1503/04-36) ⟨DIELITZ 1883⟩.

Mihi non sapio uni
- Ich bin nicht nur für mich verständig. Wahlspruch von D. Overkamp ⟨DIELITZ 1883⟩.

Minima non curat praetor
- Um Kleinigkeiten kümmert sich der Prätor nicht. Inhaltlich auf antike Vorbilder verweisendes Rechtssprichwort unklarer Herkunft ⟨vgl. BARTELS 1992⟩.

Miror, pontifices cum tot jam Roma crearit, inter eos tantum quinque fuisse pios
- Mich wundert, daß, obwohl Rom schon soviele Päpste gewählt hat, unter ihnen nur fünf *fromme* gewesen sind. Distichon des gelehrten Arztes Caspar Hofmann (1572-1648) im Rückblick auf die Papstwahl Pius' V (1566).

Misera contribuens plebs
- Das arme steuerzahlende Volk. Im Corpus Juris Hungarici, Tyrnau 1751, 2, 424, findet sich im Decretum II die Wendung: ... *miseram ... contribuentem plebem gravantes exactiones.* Vgl. Horaz (sat. I, 8, 10): *miserae plebi* ⟨BÜCHMANN 1972⟩.

Misereor
- Mich erbarmt es. Name eines 1959 gegründeten Hilfswerkes der deutschen Katholiken.

Misericordia est vitium animi
- Mitleid ist eine Geistesschwäche ⟨MALL 1988, 16⟩.

Mitto tibi metulas; si vis cognoscere, vertas.
Salutem verbergender Briefschluß ⟨CAPELLANUS 1966, 173⟩. Neben diesem Hexameter begegnet auch: *Mitto tibi metulas, vertito, si dubitas!* ⟨SUTOR o. J., 547⟩.

Mitto tibi navem puppi proraque carentem
- Ich sende Dir ein Schiff (*navem*), dem Heck und Bug fehlen. Hexameter als *Ave* verbergender Briefschluß ⟨SEPP 1885, 56⟩.

Moenibus crede ligneis
- Vertraue den hölzernen Mauern. Einem antiken Orakelspruch nachgebildeter Wahlspruch vermutlich des englischen Generals Andrew Clarke (1824-1902) mit Bezug auf die englische Flotte ⟨DIELITZ 1883⟩.

Moneta regia
- Königliche Münze. Inschrift am Münzgebäude in München. Daraus bildete Eduard v. Welz nicht weniger als 150 Anagramme, darunter: *Amo te regina, O ingrata mea, Imago tenera, Amen ait ergo* ⟨vgl. Societas Latina 1941, 1⟩.

Monstrum eruditionis
- Ein Ungeheuer an Bildung, d. h. ein grundgelehrter Mann. Gebraucht vom holländischen Mediziner Hermann Boerhaave (1668-1738) mit Bezug auf den schweizer Naturforscher Konrad Gesner (1516-65).

Moriamur pro rege nostro Maria Theresia
- Laßt uns für unsere Königin Maria Theresia sterben! Angeblicher Ausruf ungarischer Adliger im Reichstag in Preßburg am 11. September 1741 bei Anwesenheit Maria Theresias. In den Sitzungsakten (Diarium diaetale) nicht enthalten ⟨vgl. FUMAGALLI 1896, 319⟩. Die öfters gemalte Szene, bei der die Kaiserin ihren kleinen Sohn, den nachmaligen Kaiser Joseph II, auf dem Arm gehalten haben soll, ist sicher unhistorisch. Jedoch hat die Kaiserin am genannten Tag eine lateinische Ansprache an die im Preßburger Schloß versammelten Notablen gehalten, worauf diese gerufen haben: *Damus vitam et sanguinem* - Wir geben Blut und Leben ⟨vgl. W. L. Hertslet, Der Treppenwitz der Weltgeschichte, 9. Aufl., Berlin 1918, 267-268⟩.

Morimur si moriamur
- Wir sterben, wenn wir sterben sollen. Wahlspruch von Papst Innozenz X (1574-1655) ⟨DIELITZ 1883⟩.

Mors certa, hora incerta
- Der Tod ist sicher, ungewiß die Stunde. Inschrift auf Uhren, so der des Neuen Rathauses in Leipzig. Wohl verkürzt aus dem vielleicht schon mittelalterlichen Hexameter: *Mors certa est, incerta dies, hora agnita nulli* ⟨BAYER 1993, 1213⟩.

Mors est omnium terribilium terribilissimum
- Der Tod ist das Fürchterlichste von allem Fürchterlichen. Zitiert von Carl v. Linné. Knut Hagberg, Carl Linnaeus, Hamburg 1946, 179.

Mors incertarum rerum certissima
- Der Tod ist die allergewisseste der Ungewißheiten. John Owen, 83.

Mors mortis morti mortem, mors, morte resolvit
- Der Tod des Todes (Christus) hat dem Tode zum Trotz den Tod, o Tod, durch seinen Tod (am Kreuz) besiegt. Kunstvolles Spiel mit der Kasusfolge von *mors* ⟨WEIS 1939, 2, 29⟩. Varianten bei WALTHER 1964, 15178-79.

Mors solet innumeris morbis abrumpere vitaM,
Omnia mors rostro devorat ipsa suO.
Rex, princeps, sapiens, servus, stultus, miser, aegeR,
Sis quicumque velis, pulvis et umbra sumuS.
Mehrfach auf den Tod bezogene Distichen ⟨SEPP 1885, 135⟩.

Mortales laetos vinum facit atque facetos
- Der Wein macht die Sterblichen fröhlich und witzig. Leoninischer Hexameter ⟨NEANDER 1590, 290⟩.

Mortem timere mors miserrima est
- Den Tod zu fürchten, ist der elendeste Tod. Vom Wittenberger Rhetoriker Jeremias Spiegel 1614 in ein Stammbuch geschrieben ⟨KEIL 1893, 95⟩.

Mortui vivos docent
- Die Toten lehren die Lebenden. Inschrift an Sektionsräumen.

Mortui viventes obligant
- Die Toten verpflichten die Lebenden. Devise des Volksbundes deutscher Kriegsgräberfürsorge. Eine Variante findet sich auf der Gefallenenehrentafel des Alten Gymnasiums in Flensburg: *Mortui vivos obligant.*

Motus in fine velocior
- Die Bewegung wird am Ende schneller. Auf die Fallgeschwindigkeit bezogen ⟨BENHAM 1948⟩.

Movendo
- Durch Bewegung. Wahlspruch des französischen Philosophen René Descartes (1596-1650) ⟨DIELITZ 1883⟩.

Moveor immotus
- Bewegungslos werde ich bewegt. Angeblich bezogen auf den Schiffskompaß ⟨BENHAM 1948⟩.

Mox nox
- Bald ist Nacht, d. h. bald kommt der Tod ⟨FUMAGALLI 1975⟩.

Mulier est hominis confusio
- Die Frau bringt den Mann durcheinander. Anders interpretiert durch John Dryden (1631-1700): Madam, the meaning of this Latin is / that womankind to man is sovereign bliss ⟨John Dryden, hrsg. v. G. Saintsbury, London 1949⟩.

**Mulier, superbe amicta, in facie picta,
in sermone ficta, non uni viro addicta**
- Das Weib, anziehend angezogen, den Mund geschminkt, die Augenbogen, / in ihren Reden gar verlogen und nicht nur einem Mann gewogen, / (wer solchem traut, der ist betrogen) ⟨WEIS 1976, 68⟩.

Multae terricolis linguae, caelestibus una
- Die Erdenbewohner haben viele Sprachen, die Himmlischen nur eine. Henry Carey (ca 1696-1743) ⟨BENHAM 1948⟩.

Multi Coeci Cardinales Creaverunt Coecum Leonem X.
Scherzhafte Deutung Ulrichs v. Hutten (1488-1523) der Jahreszahl MCCCCLX (1460), die er bei seiner Abreise von Rom an einem Stadttor bemerkte ⟨WEIS 1976, 164⟩.

Multi pertransibunt et augebitur scientia
- Viele werden es durchforschen, und das Wissen wird vermehrt werden. Schlußwort des didaktischen Teils von Goethes Farbenlehre. Nach der Vulgata, Daniel 12, 4: Plurimi pertransibunt et multiplex erit scientia.

**Multis annis jam peractis / nulla fides est in pactis.
Mel in ore, verba lactis, / fel in corde, fraus in factis**
- Schon seit vielen Jahren gibt es kein Vertrauen mehr in Verträge. Honig im Munde, Worte wie Milch, Galle im Herzen, Trug in der Tat. Als Stammbuchvers 1761 belegt ⟨KEIL 1893, 275⟩. Auch Inschrift

an einer Apotheke in Bunzlau ⟨Hermann Schelenz, Geschichte der Pharmazie, Berlin 1904, 470⟩. In der Form: *Annis mille jam peractis* ... bei RITZIUS 1728, 18.

Multitudinem decem faciunt
- Zehn bilden eine Menge. Rechtssprichwort bei Edward Coke.

Multorum camelorum onus
- Die Last vieler Kamele. Bezogen auf die Sammlung des römischen Rechts ⟨FUMAGALLI 1975⟩.

Multos ingratos invenimus, plures facimus
- Wir begegnen vielen Undankbaren und erzeugen noch mehr ⟨QUO-TATIONS 1865⟩.

Mundus et mundus.
- Wortspielerischer Wahlspruch des Herzogs Johann Friedrich von Pommern (+ 1600) ⟨DIELITZ 1883⟩, der auf den Doppelsinn von *mundus* (Welt, rein) beruht.

Mundus decipitur opinionibus
- Wir alle werden durch Einbildungen getäuscht. Die Anfangsbuchstaben seines Namens enthaltende Maxime von Magnus Daniel Omeis (1646-1708), Professor der Poesie in Altdorf ⟨KEIL 1893, 227⟩. Siehe *Vulgus regitur ...*

Mundus est Dei viva statua
- Die Welt ist Gottes lebendiges Abbild. Tommaso Campanella (1568-1639).

Mundus pulcherrimum nihil
- Die Welt, ein wunderschönes Nichts. Von Angelus Silesius (Johannes Scheffler 1624-77) 1649 in ein Stammbuch geschrieben. A. Silesius, Cherubinischer Wandersmann, hrsg. v. W.-E. Peuckert, Bremen o.J., XV.

Mundus scena, vita transitus; venisti, vidisti, abiisti
- Die Welt ist eine Bühne, das Leben ein Gang durch sie: Du bist gekommen, du hast gesehen, du bist geschieden ⟨BENHAM 1948⟩.

Mundus vult decipi
- Die Welt will betrogen sein. Vielleicht schon mittelalterliches Sprichwort, das in der Form: "die weltt die will betrogen syn" bei Sebastian Brant (1457-1521), Das Narrenschiff, Basel 1494, vorkommt. Der Zusatz ... *ergo decipiatur* findet sich 1556 bei dem Kardinal Carlo Caraffa (1517-61) vorgeprägt: *Quandoquidem populus ... vult decipi, decipiatur* ⟨vgl. BÜCHMANN 1972⟩. Scherzhaft auch ... *mumpitzi, ergo mumpitziatur* ⟨CAPELLANUS 1966, 164⟩.

Mus miser est, antro qui solum clauditur uno
- Die Maus ist arm dran, die sich nur in einem Loch verbergen kann. Distichon, zitiert in: Epistulae virorum obscurorum, 1556, 1, 3.

MUSICA.
Wahlspruch der Herzogin Barbara Sophia von Württemberg (+ 1636). Abkürzung von: *Mea Unica Spes Jesus Christus Amen* oder: Mein Vertrauen Steht In Christo Allein ⟨DIELITZ 1883⟩.

Mutum est pictura poema
- Das Gemälde ist ein stummes Gedicht ⟨BENHAM 1948⟩. Ausprägung der in der Kunstgeschichte umstrittenen Formel des Horaz (ars 361): *Ut pictura poesis* ⟨vgl. BÜCHMANN 1972, 559⟩.

Mysterium tremendum
- Das furchtbare Geheimnis. Zusammen mit *Fascinans* und *Augustum* zur Kennzeichnung des Übermenschlichen im Heiligen, des 'Numinosen', geprägt von dem evangelischen Theologen Rudolf Otto (1869-1937), Das Heilige, 1917. Der Begriff wurde zur Beschreibung des Genialen aufgenommen von Wilhelm Lange-Eichbaum, Genie, Irrsinn und Ruhm, 4. Aufl., München u. Basel 1956, 133.

Nam et ipsa scientia potestas est
- Denn das Wissen selbst ist Macht. Fr. Bacon, Meditationes sacrae, 1597, 11 ⟨vgl. BÜCHMANN 1972, 436⟩.

Nasci, laborare, mori
- Geboren werden, arbeiten und sterben. Wahlspruch des Wilhelm v. Rochefort d'Ailly ⟨DIELITZ 1883⟩.

Natura abhorret vacuum.
Siehe *Horror vacui.*

Natura enim simplex
- Die Natur ist nämlich einfach. Isaac Newton (1643-1727), Philosophiae naturalis principia mathematica, London 1687.

Natura in minimis maxima
- Die Natur zeigt sich in den kleinsten Dingen am größten. Vom Zoologen Anton Dohrn (1840-1909) zitiert. Ähnlich zur Bezeichnung eines kleinlichen Menschen: *Maximus in minimis* ⟨QUOTATIONS 1865⟩.

Natura naturans
- Die schaffende Natur. Bei Baruch de Spinoza (1632-77) Gegenstück der *natura naturata,* der geschaffenen Natur, die deren gegenständliche Hervorbringungen umfaßt.

Natura non contristatur
- Die Natur wird nicht traurig. Zitiert von A. Schopenhauer, 1, 364.

Natura non facit saltum
- Die Natur macht keinen Sprung. Die auf Aristoteles zurückgehende Vorstellung eines stetigen Übergangs von niederen zu höheren Arten findet sich in lateinischer Form zuerst bei Fournier, Discours véritable de la vie ... du géant Theutobocus, roy des Theutons, 1613. *Natura non facit saltus* formulierte Carl v. Linné, Philosophia botanica, Stockholm 1751, Nr 77 ⟨vgl. BARTELS 1992⟩.

Natura potentior arte
- Die Natur ist mächtiger als die Kunst. Wahlspruch des italienischen Malers Tizian (Tiziano Vecellio 1477-1576) ⟨DIELITZ 1883⟩.

Naturalia non sunt turpia
- Natürliche Dinge sind nicht schimpflich. Nach einem Fragment des

Euripides gebildetes, nicht sicher datierbares Sprichwort ⟨vgl. BAR-TELS 1992⟩.

**Naturam excutiens explanat physica mira,
et salibus gratis scripta replere solet**
- Die Natur erforschend, erklärt er wunderbare Naturerscheinungen und seine Schriften pflegt er gefällig mit angenehmem Witz anzufüllen. Epigrammatischer Nekrolog auf Lichtenberg von Friedr. Benjamin Osiander (1814) ⟨Wolfg. Promies, Georg Christoph Lichtenberg, Hamburg 1964, 153⟩.

Natus sum; esuriebam; quaerebam; nunc repletus requiesco
- Ich wurde geboren, ich hatte Hunger, ich suchte Nahrung, nun ruhe ich befriedigt. Grabspruch ⟨BENHAM 1948⟩.

Ne quid novi insit.
Bis ins 19. Jh. gültige Anweisung an die Dekane der Universität Königsberg, sie sollten bei Durchsicht der Dissertationen dafür sorgen, 'daß nichts Neues darin sei' ⟨Karl Ernst v. Baer (1792-1876), Reden, 1864, 1, 151⟩.

Ne sit ancillae amor pudori
- Schäme dich der Liebe einer Magd nicht. Zitiert von William Makepiece Thackeray (1811-63), Fitz Boodle's Confessions.

Ne tentes aut perfice
- Versuch's nicht oder bring's zu Ende. Wahlspruch nach Quintilian (inst. 4, 5, 17): *Recte enim Graeci praecipiunt, non tentanda, quae effici omnino non possint* - Richtig empfehlen nämlich die Griechen, man solle nicht versuchen, was man überhaupt nicht bewirken könne.

Nec a Deo nec a Caesare
- Weder von Gott noch vom Kaiser. Wahlspruch des Feldherrn Johann Graf v. Tilly (1559-1632) ⟨DIELITZ 1883⟩.

Nec arte, nec marte
- Weder durch List noch durch Tapferkeit. Inschrift auf dem Piedestal der sog. steinernen Jungfrau, die 1812 auf einem Basteivorsprung der in der südlichen Slowakei gelegenen Festung Komorn angebracht

wurde, die 1593 und 1663 von den Türken vergeblich bestürmt worden
war ⟨KREBS 1896⟩.

Nec bella nec puella
- Weder schön noch jung. Thomas Morus' (1478-1535) Beschreibung
seiner zweiten Frau ⟨QUOTATIONS 1865⟩.

Nec cito nec temere
- Weder schnell noch unbesonnen. Wahlspruch des Bischofs von
Cambrai Max v. Bergen (+ 1570) ⟨DIELITZ 1883⟩.

Nec degenero
- Ich schlage nicht aus der Art. Wahlspruch Karl Emanuels I, Herzogs von Savoyen (1562-1630) ⟨DIELITZ 1883⟩. Siehe *Non degenero*.

Nec habeo nec careo nec curo
- Ich habe nichts, entbehre nichts, ich sorge mich um nichts. Devise
der englischen Bogensehnenmacher-Innung ⟨DIELITZ 1883⟩.

Nec jussus capta relaxat
- Was er erobert, läßt er auch auf Befehl nicht mehr los. Wahlspruch des französischen Marschalls Charles de Cosse, Graf v. Bris-
sac (1505-63) ⟨DIELITZ 1883⟩.

Nec laudibus nec timore
- Weder durch Lobreden noch durch Furcht / (lasse ich mich bestimmen). Wahlspruch des Kardinals Clemens August Graf Galen
(1878-1946).

Nec mihi deficiat calor hic hiemantibus annis
- Möge mir nicht ermangeln die Wärme im Winter der Jahre. Johannes Secundus (1511-36), Elegiae. Zitiert von M. E. de Montaigne, 3, 5.

Nec pluribus impar
- Auch mehreren gewachsen. Wahlspruch Ludwigs XIV von Frankreich (1638-1715); angeblich schon von Philipp II von Spanien
(1527-98) gebraucht ⟨FUMAGALLI 1975⟩.

Nec quisquam est tam duro ingenio nec tam firmo pectore, quin ubi quicquam occasionis sit, sibi faciat bene
- Niemand ist so blöde oder so standhaft, daß er eine gute Gelegenheit, sich wohl zu tun, ungenützt vorübergehen ließe. 1690 zitiert von E. W. Happel, 113.

Nec spe nec metu
- Weder durch Hoffnung noch durch Furcht (lasse ich mich bestimmen). Wahlspruch Philipps II von Spanien (1527-98) ⟨DIELITZ 1883⟩.

Nec temere nec timide
- Weder unbesonnen noch furchtsam. Zitiert von John Owen, 1766, 45. Wahlspruch Wilhelms IV von England (1765-1837) ⟨DIELITZ 1883⟩.

Necesse est, qui mare tenet, eum rerum potiri
- Wer die Seeherrschaft besitzt, erlangt die Macht. Englisches Sprichwort ⟨QUOTATIONS 1865⟩.

Nemo a Papa impetrare potest bullam numquam moriendi
- Niemand kann vom Papst eine Bulle erlangen, die ihm zusichert, nicht zu sterben. Thomas von Kempen.

Nemo accepta beneficia calendario inscribit
- Niemand schreibt empfangene Wohltaten in sein Schuldbuch ⟨ARTHABER 1972⟩.

Nemo contra Deum nisi Deus ipse
- Niemand (vermag etwas) gegen Gott, außer Gott selber. Motto des 4. Bandes von J. W. v. Goethes Wahrheit und Dichtung. Die Herkunft des Wortes ist ungeklärt. Friedr. Wilh. Riemer (1774-1849) erwähnt es in seinen Tagebüchern am 16. 5. 1807 und 3. 7. 1810 in der Fassung *Nihil contra deum...* Er will es Goethe nahegebracht haben ⟨vgl. BARTELS 1992⟩.

Nemo laeditur nisi a seipso
- Jeder schädigt sich von selber. Zitiert von R. Burton, 1, 2, 3, 3.

Nemo me impune lacessit
- Niemand reizt mich ungestraft. Devise des Schottischen Distelordens (Order of the Thistle).

Nemo sine crimine vivit
- Niemand lebt ohne Fehl. Wahlspruch des Grafen Werner zu Salm-Reifferscheid (+ 1629) ⟨DIELITZ 1883⟩.

Neque pauciores tribus neque plures novem
- Nicht weniger als drei und nicht mehr als neun. Die richtige Zahl der Gäste, die man zum Essen einladen soll. Zitiert von D. Erasmus, Familiaria Colloquia. Die Regel wird mit der Zahl der Grazien und der Musen begründet.

Nervus reipublicae dissidentia
- Die Lebenskraft des Staates ist die Verschiedenheit der Meinungen. Wahlspruch des Pieter van der Meer in Delft ⟨DIELITZ 1883⟩.

Nescio quid mihi magis farcimentum esset
- Ich wüßte nicht, was mir mehr wurst wäre. Kanzlerlatein Otto v. Bismarcks anläßlich der Diskussion über den Titel 'Deutscher Kaiser' oder 'Kaiser der Deutschen'. Berichtet unter dem 21. 1. 1871 von Moritz Busch, Graf Bismarck und seine Leute während des Krieges mit Frankreich, Leipzig 1878, 1, 255.

Nescire quaedam magna pars sapientiae est
- Ein großer Teil der Weisheit besteht darin, gewisse Dinge nicht zu wissen. Hugo Grotius (1583-1645) ⟨FUMAGALLI 1975⟩.

Nescit occasum
- Er geht nie unter. Devise des 1748 gestifteten schwedischen Ordens vom Nordstern ⟨KREBS 1896⟩.

Nicolaus Copernicus / Thorunensis / terrae motor / solis caelique stator
- Nikolaus Kopernikus aus Thorn, der die Erde bewegte und Sonne und Himmel anhielt. Inschrift auf dem von Christian Friedrich Tieck (1781-1861) errichteten Kopernikus-Denkmal in Thorn.

Nihil de principe, parum de Deo
- Nichts (darf man sagen) über den Fürsten, wenig über Gott. Parodie des Spruchs: *Parum de principe, nihil de Deo* ⟨FUMAGALLI 1975⟩.

Nihil erat quod non tetigit: nihil quod tetigit non ornavit
- Es gab nichts, mit dem er sich nicht beschäftigte; und nichts, womit er sich befaßte, hat er nicht bereichert. Epitaph Samuel Johnsons (1709-84) für Oliver Goldsmith ⟨QUOTATIONS 1865⟩.

Nihil immutetur in ecclesia
- In der Kirche soll nichts geändert werden ⟨FUMAGALLI 1975⟩.

Nihil linquere inausum
- Nichts unversucht lassen. Wahlspruch des Kardinals Pompeo Colonna (1479-1532) ⟨DIELITZ 1883⟩.

Nihil nega, parum crede, nisi videas
- Bestreite nichts, glaube wenig, was Du nicht siehst ⟨MALL 1988, 265⟩.

Nihil temere, nihil timide
- Nichts unbesonnen, nichts furchtsam. Wahlspruch Gustav Adolfs von Schweden (1594-1632) ⟨DIELITZ 1883⟩. Siehe *Nec temere ...*

Nihil turpius quam domi esse peregrinum; nihil magis pudendum quam ignarum esse suae patriae
- Nichts ist schimpflicher als zuhause ein Fremdling zu sein; nichts ist beschämender als sein Vaterland nicht zu kennen. Bemerkung von Gabriel Harvey (1545?-1630) in Lluyd's 'Breviary of Britain'.

Nihil unquam peccavit, nisi quod mortua est
- Sie tat niemals etwas Schlechtes, außer daß sie starb. Inschrift auf dem Grab einer Frau in Rom ⟨BENHAM 1948⟩.

Nil difficile volenti
- Dem, der will, ist nichts schwer. Wahlspruch der Camerini zu Padua ⟨FUMAGALLI 1975⟩.

Nil dissocabile firmum
- Nichts, was sich trennen läßt, ist fest. Vom Wittenberger Juristen Val. Wilh. Forster 1616 in ein Stammbuch geschrieben ⟨KEIL 1893, 95⟩.

Nil luce obscurius
- Nichts ist dunkler als das Licht. Paradoxe Formulierung Isaac Newtons, gegen die Goethe unverständig polemisierte: "Es lehrt ein großer Physikus / mit seinen Schulverwandten: / 'Nil luce obscurius' - / Jawohl! für Obskuranten." ⟨Goethes Gedichte in zeitlicher Folge, hrsg. v. Heinz Nicolai, Frankfurt/M. 1986, 1108⟩.

Nil mihi tollit hiems
- Der Winter nimmt mir nichts. Wahlspruch des Herzogs Anne de Montmorency (1493-1567) ⟨DIELITZ 1883⟩.

Nil praeter aequum
- Nichts, als was billig ist. Wahlspruch Kaiser Leopolds I (1640-1705) ⟨DIELITZ 1883⟩.

Nimirum propter continentiam incontinentia necessaria est; incendium ignibus extinguitur
- Ohne Zweifel ist der Mäßigkeit wegen Unmäßigkeit notwendig; Brand wird durch Feuer erstickt. Zitiert von M. E. de Montaigne, 3, 5.

Nisi Dominus, frustra
- Wenn Gott nicht mit Dir ist, ist alle Mühe vergebens. Motto der Stadt Edinburgh. Scherzhaft übersetzt: "You can do nothing here unless you are a lord."

Nititur ad laudem virtus
- Tugend will gelobt sein. Wahlspruch des Landgrafen Georg Ludwig von Leuchtenberg (+ 1613) ⟨DIELITZ 1883⟩.

Nobis nominavit
- Sie (d. h. die Regierung) hat uns benannt. Formel, mit der der Papst die Wahl der Bischöfe in Frankreich nach Vorschlag der Regierung sanktionierte aufgrund des Konkordats von 1801 ⟨FUMAGALLI 1975⟩.

Nocet esse locutum
- Es schadet, den Mund aufgemacht zu haben. Wahlspruch des Kardinals Franz Caraffa ⟨DIELITZ 1883⟩. Teil eines Hexameters: *Non umquam tacuisse nocet, nocet esse locutum* ⟨WALTHER, 18765⟩.

Nocte rubens caelum cras indicat esse serenum
- Abendrot zeigt schönes Wetter an. Hexameter als Wetterregel ⟨SEPP 1885, 46⟩.

Noli nolle!
- Sei nicht widerwillig! Zitiert von Jean Paul, 2, 871.

Nolo episcopari
- Ich will nicht zum Bischof gemacht werden. Hierzu John Dryden (1631-1700), Limberham, 1678, 3, 1: "You would be entreated and say 'nolo, nolo, nolo', when your mouth waters at the diocese."

Nomen est quasi rei notamen
- Der Name ist gleichsam ein Kennzeichen der Sache. ⟨BENHAM 1948⟩.

Nomen prae opibus
- Der (gute) Name geht vor Reichtum. Wahlspruch des Landgrafen Hermann zu Tübingen (+ 1585) ⟨DIELITZ 1883⟩.

Non Argus, largus: non Methusalem, Magdalena; non Habacuc, Lazarus: Caseus iste bonus.
M. Luther über die Eigenschaften eines guten Käses. Darstellung in Gegensätzen; Habakuk bezieht sich auf den von ihm bereiteten Brei: *Ipse coxerat pulmentum* (Vulgata Dan. 14, 33) ⟨WEIS 1939, 2, 12⟩.

Non armis, sed vitiis certatur
- Nicht mit Waffen, sondern mit Lastern bekriegt man sich. Zitiert von M. E. de Montaigne, 3, 12.

Non degenero
- Ich schlage nicht aus der Art. Wahlspruch Karl Emanuels I, Herzog von Savoyen (1562-1630) ⟨DIELITZ 1883⟩. Siehe *Nec degenero*.

Non deserit alta
- Er verläßt den Gipfel nicht. Wahlspruch des Kardinals Richelieu (1585-1642) ⟨FUMAGALLI 1975⟩.

Non dolet ipse
- Nicht Dolet selbst (oder: Er leidet nicht selber). Doppelsinnige Grabschrift, die dem in Paris auf dem Platz Maubert wegen Ketzerei verbrannten Humanisten Etienne Dolet (1509-46) von seinen Freunden gewidmet wurde. Seine Gegner änderten sie in *Dolet ipse dolet* ⟨WEIS 1976, 119⟩.

Non domo dominus, sed domino domus honestanda est
- Nicht der Herr soll durch das Haus, sondern das Haus soll durch den Herrn geehrt werden. Inschrift an einem Haus in Hameln ⟨WEIS 1976, 121⟩.

Non est, quia non est. Esset, si esset
- Er ist nicht, weil er nicht ißt. Er äße, wenn er wäre. Wortspielerische und umkehrbare Grabschrift für einen Vielfraß ⟨WEIS 1976, 118⟩.

Non expedit
- Es ist nicht zuträglich. Formel, mit der die Apostolische Kanzlei Ersuchen aus Opportunitätsgründen negativ bescheidet. Weil es die ständige Antwort war, mit der das Ersuchen um Teilnahme am politischen Leben beantwortet wurde, stand die Formel für Wahlenthaltung der Katholiken in Italien ⟨FUMAGALLI 1975⟩.

Non famae, sed fami
- Nicht wegen des Ruhms, sondern wegen des Hungers. Wortspielerisches Motto, das G. Chr. Lichtenberg auf sein nächstes Buch schreiben wollte ⟨WEIS 1939, 1, 27⟩.

Non grata patria, non imperator, sed conjux
- Nicht das dankbare Vaterland, nicht der Kaiser, sondern die Gemahlin. Frühere Inschrift auf dem Grabdenkmal Laudons. Siehe: *Meditatio mortis* ...

Non hic curatur qui curat
- Wer Sorgen hat, wird hier nicht geheilt. Inschrift der Antoninischen Bäder in Rom ⟨ZOOZMANN o. J.⟩.

Non ideo Imperator sum, ut in arcula includar
- Ich bin nicht deshalb Kaiser, um in ein Kästchen eingeschlossen zu werden. Kaiser Rudolf (II, 1552-1612) von Habsburg ⟨FUMAGALLI 1975⟩.

Non in armorum potentia, sed ut ipsi placet, dat Dominus dignis victoriam
- Nicht nach Stärke der Waffen verleiht der Herr den Würdigen den Sieg, sondern wie es ihm gefällt. Inschrift eines schwedischen Geschützes, das in der Schlacht bei Fehrbellin im Jahre 1675 von den Preußen erbeutet wurde ⟨KREBS 1896⟩.

Non jacet in molli veneranda Scientia lecto,
nec tibi per ventos tosta columba venit
- Wissenschaft, die ehrenwerte, nicht im weichen Faulbett liegt, / wie auch die gebratene Taube Dir nicht durch die Luft zufliegt. Epigramm ungewisser Herkunft ⟨SEPP 1885, 63⟩.

Non lapis artatur musco, qui saepe rotatur
- Ein Stein, der ständig sich bewegt, / wird nicht mit müdem Moos belegt. Leoninischer Hexameter ⟨SEPP 1885, 68⟩. Varianten bei WALTHER 1964, 15796-97.

Non licuit populis parvum te, Nile, videre
- Es war den Völkern nicht gestattet, Dich, Nil, klein zu sehen. Hexameter ⟨FUMAGALLI 1975⟩.

Non meretur audire verum, qui fraudulenter interrogat
- Wer betrügerisch fragt, verdient nicht, die Wahrheit zu hören ⟨BINDER 1861⟩.

Non mihi, sed posteris
- Nicht für mich, sondern für die Nachkommen. Inschrift an Gebäuden; so über dem Eingangsportal des im 18. Jahrhundert von Caspar v. Saldern errichteten Herrenhauses des Gutes Schierensee in Schleswig-Holstein.

Non multa sed multum
- Nicht vieles, sondern viel. Von G. E. Lessing, Emilia Galotti, 1, 2
übersetzter Sinnspruch, der auf ein Zitat des jüngeren Plinius (epist.
7, 9, 15) zurückgeht: *Aiunt enim multum legendum esse, non multa.*
Ähnlich Quintilian (inst. 10, 1, 59): *Multa magis, quam multorum lectione formanda mens.*

Non nova sed nove
- Nichts Neues, aber neuartig ⟨FUMAGALLI 1975⟩.

Non numero horas nisi serenas
- Ich zähle nur die heitern Stunden. Inschrift auf Sonnenuhren.

Non possum scribere contra eum, qui potest proscribere
- Ich kann nicht gegen den schreiben, der ächten kann. Zitiert
vom Staatsrechtler Carl Schmitt gegenüber Ernst Jünger in Paris am
18. 10. 1941. Ernst Jünger, Strahlungen, Tübingen 1949, 57.

Non possumus
- Wir können nicht. Aus der Vulgata (act. 4, 20) entnommene Antwort von Papst Clemens VII (reg. 1523-34) auf die drohende Aufforderung Heinrichs VIII von England, ihn von seiner Gemahlin Katharina von Aragonien zu scheiden. Seitdem im allgemeineren Gebrauch des Heiligen Stuhls zur Ablehnung von traditionswidrigen Veränderungen. So auch 1860 als Antwort von Papst Pius IX an Napoleon III auf dessen Ersuchen, die Romagna an König Viktor Emanuel von Italien abzutreten ⟨FUMAGALLI 1975⟩. Der evangelische Theologe Max Thurian in Taizé nahm mit diesem Schlagwort Stellung zum 1950 verkündeten Dogma der leiblichen Aufnahme Mariens in den Himmel.

Non pudeat dicere, quod non pudet sentire
- Schäme Dich nicht zu sagen, was Du Dich nicht schämst zu denken. Zitiert von M. E. de Montaigne, 3, 5.

Non qua itur, sed qua eundum est
- Nicht wohin man geht, sondern wohin man gehen muß ⟨HEYSE 1893, 567⟩. Die Herkunft der mit mehreren Abweichungen ⟨HERHOLD 1887, BAYER 1992⟩ zitierten Maxime ist unbekannt.

Non res, sed spes erat
- Er war noch nichts, aber eine Hoffnung. Auf frühverstorbene Talente bezogenes Wortspiel ⟨QUOTATIONS 1865⟩.

Non scholae, sed vitae discimus
- Nicht für die Schule, sondern für das Leben lernen wir. Umgekehrt und ironisch bei Seneca (epist. 106, 12): *Non vitae sed scholae discimus.* Wer den Bezug der Schule auf das Leben zuerst formuliert hat, ist ungeklärt ⟨BARTELS 1992⟩.

Non sum, ubi sum, et ubi sum, non sum
- Ich bin nicht, wo ich bin, und wo ich bin, bin ich nicht. Wahlspruch des Wittenberger Juristen Benedikt Carpzow (1565-1624). Wohl bezogen auf das leibliche und das geistige Leben ⟨DIELITZ 1883⟩.

Non tacebo
- Ich werde nicht schweigen. Inschrift einer Glocke (campana), die Tommaso Campanella (1568-1639) in seinem redenden Wappen führte.

Non tibi spiro
- Ich dufte nicht für Dich, d. h. ich bin nicht da, um Dir zu gefallen. Zitiert von Joachim Camerarius (Liebhard 1500-74), Symbola et Emblemata, Cent. 1, 93. Auch auf der Titelseite von Philip Sidney's (1554-86) 'Arcadia' (1590). Vermutlich Ende eines Hexameters, zitiert von Samuel Taylor Coleridge (1772-1834), Aids to Reflexion, 1825, 1, 13: *Sis sus, sis Divus, sum caltha, et non tibi spiro.*

Non ultra metas
- Nicht übers Ziel hinaus. In der Nebenbedeutung 'Nicht über Metz hinaus' Wahlspruch des Franz von Lothringen, Herzogs von Guise (1519-63), der 1552/53 Metz erfolgreich gegen die überlegene Streitmacht Karls V verteidigte. Zugleich Parodie auf den Wahlspruch des Kaisers: *Plus ultra* ⟨DIELITZ 1883⟩.

Non venit ex horto flosculus iste tuo
- Dies Blümchen kommt nicht aus Deinem Garten, d. h. es ist nicht auf deinem Mist gewachsen. Leoninischer Hexameter ⟨SEPP 1885, 46⟩.

Non victi, sed vincendo fatigati
- Nicht besiegt, sondern vom Siegen erschöpft. Wohl von einem Mitglied des Lehrerkollegiums verfaßte Inschrift einer am 4. Juli 1924 enthüllten Gedenktafel für die Gefallenen des 1. Weltkrieges im Stiegenaufgang des Grazer Akademischen Gymnasiums.

Non victores, sed invicti
- Nicht Sieger, aber unbesiegt. Wohl von einem Mitglied des Lehrkörpers verfaßte Inschrift eines Denkmals für die Gefallenen des 1. Weltkrieges bei der Grazer Universität ⟨vgl. Jahresbericht des Akad. Gymnasiums in Graz 1987/88⟩. Siehe auch *Invictis ...*

Non videbimus annos Petri
- Wir werden die Jahre des Petrus nicht sehen. Sprichwort, das sich auf die antike Tradition bezieht, daß kein Pontifikat länger als das des Apostels Petrus (24 Jahre) dauern soll. Pius XI (reg. 1846-78) durchbrach diese Regel ⟨FUMAGALLI 1975⟩.

Nos Póloni non cúramus quantítatem syllábarum
- Wir Polen kümmern uns nicht um die Länge der Silben. Spottvers auf polnische Dichter ⟨ÖRTEL 1842, 39⟩.

Nos poma natamus
- Wir Äpfel schwimmen. Von Johannes Geiler von Kaisersberg (1445-1510) und Johannes Olorinus Variscus zitiertes Sprichwort, dem wohl eine Fabel zugrunde liegt, in der Roßäpfel zwischen Äpfeln schwimmen und sich deshalb ihrer Gleichwertigkeit mit diesen berühmen. Weitere Belege bietet Wolfg. Promies in: Photorin 1/79, 33-36. Von G. Chr. Lichtenberg, 3, 1031, in der Erklärung der 4. Platte der Kupferstichfolge 'Fleiß und Faulheit' von Hogarth im Hinblick auf die Knollennase eines Packträgers gebraucht, hier allerdings mit scherzhaftem Anklang an engl. nose.

Nos sumus domini stellarum
- Wir sind die Herren der Sterne. Martin Luther (1483-1546).

Noscitur ex socio, qui non cognoscitur ex se
- Wer nicht aus sich erkannt wird, wird es aus dem Kameraden. Hexameter, der einen soziologischen Erfahrungssatz enthält ⟨SUTOR o. J., 929⟩.

Nostra damus, cum falsa damus, nam fallere nostrum est;
et cum falsa damus, nil nisi nostra damus
- Das Unsere geben wir, da wir Falsches geben; denn erdichten ist
unsere Sache; und wenn wir Falsches geben, geben wir nur das Unsere. Wortspielerisches Distichon auf Nostradamus (1503-66) von
Etienne Jodelle (1532-73). Zitiert von G. Chr. Lichtenberg, 1, 182.

Novos orbes poeticos invenit
- Er entdeckte neue poetische Welten. Von Urbino verfaßte Grab-
schrift für den 1638 (?) zu Savona gestorbenen Dichter Gabriello
Chiabrera.

Nox nemini amica
- Die Nacht ist keines Menschen Freund ⟨RITZIUS 1728, 202⟩.

Nubecula est cito transitura
- Ein Wölkchen ist 's, das rasch vorüberziehen wird ⟨WANDER s. v.
Wolke⟩. Auch zitiert: *Nubicula est, transibit.*

Nulla poena sine lege
- Keine Strafe ohne Gesetz. Vom deutschen Kriminalisten Anselm
Ritter v. Feuerbach (1775-1833) in seinem Lehrbuch des gemeinen in
Deutschland gültigen peinlichen Rechts, Gießen 1801, § 20, formulier-
ter Rechtsgrundsatz, wonach eine Tat nur bestraft werden kann,
wenn die Strafe vor ihrer Begehung gesetzlich bestimmt war. Der
Grundsatz entspricht Art. 8 der französischen 'Déclaration des
droits' von 1789, der sich gegen die Rechtspraxis des Ancien Régime
wandte ("Les peines sont arbitraires dans ce royaume"). ⟨Vgl. RO-
LAND/BOYER 1979, LIEBS 1982⟩.

Nulla remedia tam faciunt dolorem quam quae sunt salutaria
- Keine Heilmittel bereiten soviel Schmerz wie die heilsamen. Zitiert
von Francis Bacon (1561-1626) in einem Brief an Lord Henry Howard
⟨BENHAM 1948⟩.

Nulla sub hoc caelo vita labore caret
- Kein Leben unter diesem Himmel ist ohne Mühe. Pentameter, den
der Tübinger Mediziner Oswald Gäbelkhoven 1602 in ein Stammbuch
schrieb ⟨KEIL 1893, 90⟩.

Nulli suis peccatis impediuntur quominus alterius peccata demonstrare possint
- Niemand wird durch seine Sünden gehindert, auf des anderen Sünden hinzuweisen 〈BENHAM 1948〉.

Nullius est felix conatus et utilis unquam, consilium si non detque juvetque Deus
- Es gibt niemals ein glückliches und nützliches Unternehmen irgendeines Menschen, wenn nicht Gott rät und hilft 〈RITZIUS 1728, 474〉. Philipp Melanchthon (1497-1560) zugeschriebenes Distichon.

Nullius in verba
- Auf niemandes Worte (schwören wir). Devise der 1662 gegründeten Royal Society in London. Gebildet nach Horaz (epist. 1, 1, 14): *Nullius addictus iurare in verba magistri*.

Nullum crimen sine lege
- Kein Verbrechen ohne Gesetz. Am Anfang des 19. Jh. formulierter Rechtsgrundsatz, wonach eine Tat nur bestraft werden kann, wenn ihre Strafbarkeit vor der Begehung gesetzlich bestimmt war 〈ROLAND/BOYER 1979〉. Siehe *Nulla poena ...*

Nullus diabolus, nullus redemptor
- Kein Satan, kein Erlöser. Teufelsbeweis des reformierten Schweizer Theologen Emil Brunner (1889-1966).

Numerus certus pro incerto ponitur
- Eine bestimmte Zahl wird für eine unbestimmte gesetzt 〈QUOTATIONS 1865〉. Siehe Chr. Helfer in S. Albert (Hrsg.), Latine 'Sapere, agere, loqui', Saarbrücken 1989, 179.

Numquam satis dicitur, quod numquam satis discitur
- Was niemals recht gelernt wird, wird niemals recht gesagt. Zitiert von Jac. Crucius, 5, 485.

Nunc aut nunquam
- Jetzt oder nie. Wahlspruch 〈BENHAM 1948〉.

Nunquam otiosus
- Nimmer müßig. Devise der 1652 gegründeten Akademie 'Leopoldina'

zu Halle, die durch Kaiser Leopold I (1640-1705) 1687 den Titel 'Sacri Romani Imperii Academia Caesareo-Leopoldina Naturae Curiosorum' erhielt.

Nuper eras docilis, mox doctus, denique doctor
– Neulich erst warst Du gelehrig, gelehrt bald und schließlich auch Doktor. Hexameter über einen jungen Gelehrten. ⟨MALL 1988, 98⟩.

Nusquam est qui ubique est
– Nirgends ist, wer überall ist. Zitiert vom dänischen Naturforscher Niels Stensen (Steno 1638-86). Gustav Scherz, Niels Stensen, Stuttgart 1964, 118.

Nutrimentum spiritus
– Nahrung für den Geist. Friedrich dem Großen (reg. 1740-86) zugeschriebene Inschrift der 1780 fertiggestellten Königlichen Bibliothek in Berlin. Wohl in Anlehnung an die Inschrift: *Medicina animi* (griech.) an der Bibliothek des Königs Osimandia in Ägypten ⟨FUMAGALLI 1896, 9⟩.

O beata sanitas! Te praesente amoenum
ver floret gratiis; absque te nemo beatus
– O glückliche Gesundheit! Mit Dir blüht der liebliche Frühling voller Annehmlichkeiten; ohne Dich ist niemand glücklich. Anonym ⟨BENHAM 1948⟩.

O Deus omnipotens, vituli miserere Johannis,
Quem mors praeveniens non sinit esse bovem
– O allmächtiger Gott, erbarm Dich des Kälbchens Johannes, dem ein früher Tod auf Erden nicht erlaubt, ein Ochs zu werden. Distichon als Grabschrift auf einen törichten Jüngling, zitiert in: De generibus ebriosorum et ebrietate vitanda. 1557.

O sancta Justitia!
– O heilige Gerechtigkeit! Anfang einer Arie des Bürgermeisters van Bett in Albert Lortzings (1801-51) Oper 'Zar und Zimmermann' (1837).

O sancta simplicitas!
- O heilige Einfalt! Angeblicher Ausruf des tschechischen Reformators Johann Hus (1371-1415) auf dem Scheiterhaufen, als er sah, daß ein Bauer - nach anderen ein altes Mütterchen - glaubenseifrig ein Scheit Holz zum Feuer trug. Die Erzählung findet sich zuerst bei J. W. Zincgref (1591-1635), Apophthegmata, hrsg. v. Leonh. Weidner, Leiden 1653, 3, 383. Den Begriff der 'sancta simplicitas' gebrauchte schon Hieronymus, Briefe 57, 12: *Venerationi mihi semper fuit non verbosa rusticitas, sed sancta simplicitas* - Verehrungswürdig ist mir immer gewesen nicht die wortreiche Unbildung, sondern die heilige Einfachheit ⟨vgl. BARTELS 1992⟩. Ironisch als Ausspruch Mephistos in Goethes 'Faust', 3037. *Sancta simplicitas* ist auch Titel und Anfang eines lateinischen Gedichts von Christian Morgenstern (1871-1914), Sämtliche Galgenlieder, Zürich 1985, 321.

O saeculum! O litterae! Juvat vivere!
- O Jahrhundert, o Wissenschaften! Es ist eine Lust zu leben! Ulrich von Hutten (1488-1523) in einem Brief an den Nürnberger Humanisten Willibald Pirckheimer v. 25. 10. 1518, abgedruckt in Opera, hrsg. v. E. Böcking, Leipzig 1859, 1, 217. Der Jubelruf bezog sich jedoch nicht auf die Entfaltung des Humanismus, sondern auf eine geographische Entdeckung jener Zeit: die Rokitno-Sümpfe ⟨vgl. W. L. Hertslet, Der Treppenwitz der Weltgeschichte, 9. Aufl., Berlin 1918, 221⟩.

O si jam post haec sint reddita tempora prisca!
- O, wenn schon nach diesen die alten Zeiten wiedergegeben wären! Hexameter, der alle Wortarten enthält: Interjektion, Konjunktion, Adverb, Präposition, Pronomen, Verbum, Substantiv, Adjektiv ⟨WEIS 1939, 2, 16⟩.

O si sic omnia!
- Hätte er sich doch in jeder Hinsicht so (ausgezeichnet)! Bezogen auf jemand, der sich nur bei einer einzigen Gelegenheit hervorgetan hat. ⟨QUOTATIONS 1865⟩.

O Vare, Vare, redde mihi meine legiones!
Abwandlung und Ergänzung der von Sueton (Aug. 23) überlieferten Klage des Kaisers Augustus durch Johann Georg August Galletti (1750-1828), Professor am Gymnasium zu Gotha ⟨Gallettiana, hrsg. v. Horst Kunze, Leipzig 1968, 20⟩.

Obit anus, abit onus
- Die Alte stirbt, es geht die Last. Schüttelreim (versus quassatus), mit dem der Philosoph Arthur Schopenhauer den Tod der Näherin Karoline Marquet kommentierte, die er aus dem Haus geworfen hatte, wobei sie sich einen Arm brach, weshalb er 1826 verurteilt wurde, ihr lebenslänglich eine Rente zu zahlen ⟨WEIS 1976, 155⟩. Der Vers ist älter; siehe: *Abit onus* ...

Obscurum per obscurius
- Dunkles durch Dunkleres (erklärt). Siehe Edmund Burke (1729-97), Impeachment of Warren Hastings, 5. 5. 1789, 46a. Siehe *Ignotum* ...

Obsecro, tuum est? Vetus credideram
- Ist das wirklich Deins? Ich hielt es für etwas altes. Bezogen auf einen Plagiator ⟨BENHAM 1948⟩.

Occultae musices nullus respectus
- Verborgene Musik findet keine Berücksichtigung, d. h. eine Wissenschaft, die keine Früchte für das Leben zeigt, verdient keine Beachtung ⟨WIEGAND 1861, 12⟩.

Occurrunt homines, nequeunt occurrere montes
- Berg und Tal kommen nicht zusammen, wohl aber die Menschenkinder ⟨SEPP 1885, 46⟩. Hexameter; ähnlich übersetzt am Anfang von Grimms Märchen 'Die beiden Wanderer' (KHM 107).

Ocellus maris Hadriatici
- Augapfel der Adria. Devise der italienischen Stadt Pescara ⟨MALL 1988, 29⟩.

Oculus dexter mihi salit
- Das rechte Auge hüpft mir (zum Zeichen der Ankunft einer erwarteten oder ersehnten Person) ⟨BENHAM 1948⟩.

Oderunt peccare boni virtutis amore,
oderunt peccare mali formidine poenae
- Die Guten hassen es zu sündigen aus Liebe zur Tugend, die schlechten aus Furcht vor Strafe. Von Otto v. Guericke (1602-86) in Magdeburg 1671 in ein Stammbuch geschrieben ⟨KEIL 1893, 107⟩. Der erste Hexameter bei Horaz (epist. 1, 16, 52).

Officina gentium
- Die Werkstatt der Völker. Bezogen auf industrialisierte Staaten wie England <QUOTATIONS 1865>.

Oliva lauro potior
- Der Ölzweig geht über den Lorbeer. Friedrich der Große 1778 auf den Teschener Frieden, der den Bayerischen Erbfolgekrieg beendete <DIELITZ 1883>.

Omnis bonus liber
- Jeder gute Mensch ist frei. Von Abbé Thiers in seiner Polemik mit Jean Mabillon (1632-1707) anders verstanden: "Tout livre, comme le disait Philon, était toujours bon par quelque endroit" <FUMAGALLI 1975>.

Omne mortale finit
- Alles Sterbliche hat ein Ende. Inschrift auf einem die Lebensalter darstellenden Holzschnitt von Joh. Christoph Artopoeus gen. Wolckenstern aus der Zeit um 1750.

Omne vivum ex ovo
- Alles Lebendige kommt aus dem Ei. Behauptung des englischen Physiologen William Harvey (1578-1658), der in seiner Schrift "De generatione animalium", London 1651, die alte Theorie der *Generatio aequivoca* anfocht. Siehe *Omnis cellula ...*

Omnia mors poscit, lex est, non poena, perire,
hic aliquo mundus tempore nullus erit
- Alles fordert den Tod, Gesetz ist's, nicht Strafe, zu sterben, / und diese unsere Welt, wird irgendwann nicht mehr sein. Vom Erlanger Juristen Joh. Ernst Schroeter 1746 in ein Stammbuch geschriebenes Distichon <KEIL 1893, 249>.

Omnia omnibus
- Alles für Alle. Inschrift an einem Warenhaus am Marktplatz von Brüssel.

Omnia si perdas, famam servare memento
- Wenn du auch alles verlierst, gedenke den Ruf zu bewahren. Wiener Stammbuchspruch im 16. Jahrhundert <KEIL 1893, 91>.

Omnia sponte fluant, absit violentia rebus
- Alles fließe von selbst, Gewalt sei ferne den Dingen. Hexameter als Wahlspruch des Pädagogen J. A. Comenius (1592-1670).

Omnia sunt communia
- Alles ist Gemeinbesitz. Verheißung des Bauernführers und Theologen Thomas Münzer (+ 1525).

Omnia terrena caduca
- Alles Irdische ist hinfällig. Stammbuchvers (Verona 1563) ⟨KEIL 1893, 67⟩.

Omnia transibunt, nos ibimus, ibitis, ibunt, ignari, gnari, conditione pari
- Alles wird vergehen, wir werden gehen, Ihr werdet gehen, sie werden gehen; Unwissende und Wissende, alle sind in der gleichen Lage. Inschrift am Beinhaus von Orléans ⟨WEIS 1976, 117⟩.

Omnia videre, multa praetermittere, pauca monere
- Alles sehen, vieles unbeanstandet lassen, nur weniges anmahnen. Papst Johannes XXIII (1881-1963) ⟨BAYER 1993, 1617⟩.

Omnibus suavis, nemini gravis, paucis familiaris
- Zu allen liebenswürdig, niemandem unangenehm, wenigen vertraut. Als Stammbuchspruch 1714 in Wittenberg belegt ⟨KEIL 1893, 222⟩.

Omnis cellula e cellula
- Jede Zelle kommt aus einer Zelle. Ausspruch des Berliner Pathologen Rudolf Virchow (1821-1902); korrekter als *Omne vivum ex ovo.*

Omnis definitio periculosa est
- Jede Definition ist gefährlich. Zitiert von dem amerikanischen Schriftsteller Ralph Waldo Emerson (1803-82) ⟨BENHAM 1948⟩.

Omnis pinguis bonus
- Dicke sind gutmütig. Von W. Shakespeare (Julius Caesar 1, 2) angesprochener Erfahrungssatz einer populären Physiologie ⟨SEPP 1885, 61⟩.

Omnium rerum, quarum usus est, potest esse abusus virtute sola excepta
- Alles, was gebraucht werden kann, kann mißbraucht werden, nur die Tugend ausgenommen. Rechtssprichwort ⟨BENHAM 1948⟩.

Omnium urbis et orbis ecclesiarum mater et caput
- Mutter und Haupt aller Kirchen der Stadt und des Erdkreises. Ehrentitel der Basilika San Giovanni im Lateran.

Operari sequitur esse
- Handeln folgt dem Sein. Pietro Pomponazzi (1462-1525), De immortalitate animae, 1516. Zitiert von A. Schopenhauer, 2, 685.

Opes regum corda subditorum
- Der Reichtum der Könige sind die Herzen der Untertanen. Devise des von Kaiser Franz I zum Andenken an seinen Vater Leopold II im Jahre 1808 gestifteten österreichischen Leopoldsordens.

Opinio veritate major
- Die Meinung ist der Wahrheit über. Zitiert von Francis Bacon (1561-1626), Letter to Lord Essex, 1596 ⟨BENHAM 1948⟩.

Oportet misereri
- Man soll sich erbarmen. Frühere Inschrift an der Tür des Gefängnisses zu Florenz ⟨KEIL 1893, 24⟩.

Oportet testudinis carnes aut edere aut non edere
- Man muß das Fleisch der Schildkröte essen oder nicht essen. Bezogen auf die Annahme, Schildkrötenfleisch sei in kleinen Mengen ungenießbar, in größeren dagegen nicht ⟨BENHAM 1948⟩.

Opprobrium medicorum
- Der Schimpf der Ärzte. Sprichwörtliche Bezeichnung der unheilbaren Krankheiten oder auch speziell der Frauenleiden ⟨BENHAM 1948⟩.

Optimum est pati, quod emendari non potest, et Deum, quo auctore cuncta eveniunt, sine murmure comitari
- Am besten ist es, was man nicht / mehr heilen kann, zu leiden, / und Gott den Schöpfer aller Ding' / ohn' Murren zu begleiten. Zitiert

1639 von Jac. Crucius, 5, 531. *Optimum est pati quod emendare non possis* bei Seneca (epist. 107, 9).

Opus naturae, opus intelligentiae non errantis
- Die Werke der Natur sind Werke einer nicht irrenden Intelligenz ⟨FUMAGALLI 1975⟩.

Orbis pictus
- Die Welt in Bildern. Verkürzter Titel einer zuerst 1658 in Nürnberg erschienenen Schul- und Jugendschrift von Johann Amos Comenius: "Orbis sensualium pictus. Hoc est omnium fundamentalium in Mundo rerum et in Vita actionum Pictura et Nomenclatura." Bis ins 20. Jh. öfters als Titel bebilderter Unterrichtswerke benutzt, so von Jacob Eberhard Gailer, Neuer Orbis pictus für die Jugend, Reutlingen 1835, und zuletzt von Hermann Koller, Orbis pictus Latinus, 2. Aufl., Zürich und München 1977.

Os mihi semper hians et pendens ferrea lingua est:
vox est nulla, nisi prodita verberibus
- Immer gähnt mir der Mund und eisern hängt meine Zunge, / und meine Stimme - sonst stumm - treibt man mit Schlägen hervor. Rätsel-Distichon auf die Glocke ⟨MALL 1988, 85⟩.

Os, orare, vale, communio, mensa negatur
- Versagt wird Sprache, Gebet, Gruß, Umgang, gemeinsame Mahlzeit. Als Hexameter gefaßte Exkommunikationsformel ⟨BENHAM 1948⟩.

Ossa merum sitiunt
- Mein Bein geht nach Wein. Wahlspruch des Altus. Zitiert und variiert von Friedr. Taubmann ⟨Taubmanniana, Frankfurt u. Leipzig 1722, 112⟩.

Ossa Tassi
- Tassos Gebeine. Grabschrift des italienischen Dichters Torquato Tasso (1544-95) am 1857 von G. de Fabris ausgeführten Grabmal in der Kirche des römischen Klosters Sant'Onofrio, in dem Tasso in der Nacht zum 25. 4. 1595 am Vorabend seiner Dichterkrönung gestorben ist.

Pacem et quietem
- Frieden und Ruhe. König Friedrich I von Preußen (1657-1713) bei seinem Tode ⟨DIELITZ 1883⟩.

Palmam qui meruit, ferat
- Wer sie verdient hat, trage die Palme. Wahlspruch Horatio Nelsons (1758-1805) aus der Ode an die Winde des Dr Jortin ⟨DIELITZ 1883⟩.

Papa pater patrum peperit papissa papellum.
Allitterierender Hexameter auf die legendäre Päpstin Johanna ⟨WEIS 1976, 24⟩.

Par erit fortuna labori
- Wie die Arbeit, so der Lohn ⟨KRÜGER 1981, 449⟩.

Parcere personis, dicere de vitiis
- Die Personen schonen, von ihren Fehlern sprechen. Rat an Kritiker ⟨QUOTATIONS 1865⟩.

Parva, sed apta mihi, sed nulli obnoxia, sed non
sordida: parta meo sed tamen aere domus
- Klein ist dieses Haus, aber für mich geeignet, niemandem untertan und nicht schmutzig, schließlich auch von meinem Geld entstanden. Distichon als Inschrift (1525) am Haus des Dichters Ludovico Ariosto (1474-1533) in Ferrara ⟨FUMAGALLI 1975⟩.

Parvus erat, sed magnus erat et maximus, ingens,
corpore, doctrina, religione, fide
- Er war klein von Gestalt, aber groß an Gelehrsamkeit, sehr groß in der Religion und äußerst groß im Glauben. Sog. Spaltvers auf den *Praeceptor Germaniae* Philipp Melanchthon (1497-1560). Die Adjektive im Hexameter gehören zu den Substantiven des Pentameters ⟨vgl. WEIS 1976, 95⟩.

Patior, ut potiar
- Ich leide, um zu herrschen. Kunstvoll formulierter Spruch unbekannter Herkunft, der sich wohl auf die Leidensgeschichte Christi und seine Wiederkehr als Weltenherrscher bezieht ⟨BARTELS 1992⟩. 1596 in Jena belegt ⟨KEIL 1893, 81⟩.

Patriae inserviendo consumor
- Im Dienst des Vaterlandes verzehre ich mich. Siehe *Aliis inserviendo ...*

Pauca, sed matura
- Weniges aber Reifes. Wahlspruch des Mathematikers Karl Friedrich Gauß (1777-1855) ⟨REICHERT 1957, 12⟩.

Pauci, sed cari
- Wenige aber kostbare (Bücher). Inschrift an der van der Duynischen Bibliothek in Holland ⟨DIELITZ 1883⟩.

Paucis notus, paucioribus ignotus, / hic jacet / Democritus Junior / cui vitam dedit et mortem / Melancholia
- Wenigen bekannt, noch wenigeren unbekannt, liegt hier Demokrit d. J., dem Leben gab und Tod Melancholie. Grabschrift von Robert Burton (1577-1640) in der Kathedrale von Oxford ⟨P. Dearmer, The cathedral church of Oxford, London 1897, 96⟩.

Paupertas mordet
- Armut tut weh ⟨KRÜGER 1981, 445⟩.

Pax optima rerum
- Der Frieden ist das höchste Gut. Inschrift einer gußeisernen Herdplatte im Kamin des 1948 wiederhergestellten Friedenssaales im Rathaus zu Münster, wo am 15. 5. 1648 der Spanisch-Niederländische Friedensvertrag beschworen wurde. Ein dieses Ereignis darstellendes Gemälde von Gerard Terborch (1617-81) in der Londoner Nationalgalerie zeigt die Inschrift an der Westwand des Rathaussaales, wo jetzt die Porträts von am Westfälischen Frieden beteiligten Souveränen und Gesandten hängen. Die Inschrift auf der Kaminplatte enthält das Datum des Friedensschlusses (*Anno 1648. Pax optima rerum, 24. Oct.*), obwohl dieser nicht in der in der zweiten Hälfte des 12. Jh. erbauten Ratskammer geschlossen wurde. Auch Inschrift auf dem Siegel der 1655 gegründeten Universität Kiel.

Pecca fortiter
- Sündige tapfer. Die um Wesentliches verkürzte Äußerung Martin Luthers findet sich in einem Brief an Philipp Melanchthon v. 1. 8. 1521. Es heißt dort: *Esto peccator et pecca fortiter, sed fortius fide*

et gaude in Christo - Sei ein Sünder und sündige tapfer, aber tapferer noch glaube und freue dich in Christus ⟨vgl. BARTELS 1992⟩.

Peccantem puerum quisquis non corrigit, odit
- Wer seiner Kinder Verfehlung nicht bessert, der haßt sie. M.-A. Muret zugeschriebener Hexameter ⟨SEPP 1885, 116⟩.

Peccavi
- I have sinn'd. Lateinisch-englischer Kalauer, mit dem der britische General Sir Charles James Napier (1782-1853) telegraphisch 1843 die Eroberung von Sind in Ostindien meldete ⟨WEIS 1976, 169⟩.

Pectus facit historicum
- Das Herz macht den Historiker. Ausspruch des Historikers Johann Gustav Droysen (1808-84). Gebildet nach Quintilian (inst. 10, 7, 15): *Pectus est quod disertos facit* - Das Herz macht beredt.

Penes reges est inferre bellum, penes autem Deum terminare
- Bei den Königen liegt es, Krieg zu veranlassen, bei Gott aber, ihn zu beenden ⟨BENHAM 1948⟩.

Per angusta ad augusta
- Durchs Gedränge zum Gepränge. Wahlspruch des Markgrafen Ernst von Brandenburg (+ 1642) ⟨SEYBOLD 1677⟩. Als Stammbuchspruch 1605 in Jena belegt ⟨KEIL 1893, 84⟩. Wortspielerische Abwandlung des inhaltlich auf antike Vorbilder zurückgehenden Wahlspruchs *Per aspera ad astra* ⟨vgl. BÜCHMANN 1972, 569⟩.

Per devia loca vagamur
- Wir wandern durch unwegsames Gelände. Englische Redensart für die mangelnde Orientierung auf einem Gebiet ⟨QUOTATIONS 1865⟩.

Per humanitatem ad pacem
- Durch Humanität zum Frieden. Devise des 1864 gegründeten Internationalen Komitees vom Roten Kreuz.

Per pedes apostolorum
- Mit den Füßen der Apostel. Scherzhaft für 'auf Schusters Rappen' ⟨BAYER 1993⟩. Im klassischen Latein wäre der bloße Ablativ geboten.

Per quod quis peccat, per idem punitur et ipse
- Wodurch jemand sündigt, damit wird er selbst gestraft. Hexameter als Rechtsgrundsatz der Bestrafung am sündigen Glied ⟨SCHON-HEIM 1728⟩. Zurückgehend auf die Vulgata (Sap. 11, 16): *Per quae peccat quis, per haec et torquetur.*

Pereat mundus, dum ego salvus sim
- Mag die Welt untergehen, wenn ich nur erhalten bleibe. Von A. Schopenhauer, 3, 622, kritisierte Maxime.

Pereat, qui barbam et saponandi ritus primus invenit
- Möge zugrunde gehen, wer den Bart und das Einseifen erfunden hat. James Boswell, Tagebuch v. 6. 12. 1764.

Pereunt et imputantur
- Sie vergehen und werden (Dir) zugerechnet. Inschrift auf Sonnenuhren ⟨MALL 1988, 102⟩.

Perfer perpetienda, parit patientia palmam
- Ertrage, was ertragen werden muß, Geduld gewinnt die Palme. Alliterierender Hexameter ⟨RITZIUS 1728, 32⟩.

Perfervidum ingenium Scotorum
- Der hitzige Geist der Schotten ⟨BENHAM 1948⟩.

Periissem, nisi periissem
- Ich wäre verloren gewesen, wenn ich nicht hindurchgegangen wäre. Wortspiel. Auch zitiert *Perieram nisi periissem.* So 1632 von Jacob Crucius, 4, 309.

Perimus licitis
- Wir gehen zugrunde durch das Erlaubte, d. h. durch die Duldung von Dingen, die nicht gesetzwidrig sind ⟨BENHAM 1948⟩. Prognose der permissiven Gesellschaft.

Permissa putantur omnia, quae non sunt prohibita
- Was nicht verboten ist, wird für erlaubt gehalten. Rechtsgrundsatz ⟨BINDER 1861, 283⟩.

Persevera, per severa, per se vera
- Fahre fort, durch Schwierigkeiten, wahr durch sich selbst. Wortspielerisches Motto an den Wagen der 'Oxford, Worcester and Wolverhampton Railway' ⟨BENHAM 1948⟩.

Perspicua brevitate nihil magis afficit aures:
In verbis, ubi res postulat, esto brevis.
Dreifaches Anagramm ⟨WEIS 1939, 2, 31⟩.

Perstet amicitiae semper venerabile foedus!
- Immer habe Bestand der Freundschaft ehrwürdiges Band! Titel eines Gedichts von Simon Dach (1605-59): "Der Mensch hat nichts so eigen..."

Pessimae apes furto proveniunt
- Die schlimmsten Bienen nähren sich vom Raube. Auf Plagiatoren bezogen ⟨WIEGAND 1861, 17⟩.

Pestis, bella, fames absint, pax vivida vivat. Ao. Dni. 1651
- Pest, Krieg und Hunger sei fern, es lebe ein regsamer Friede. Hexameter als Türspruch des 1651 eingeweihten Pfarrhauses von Kirchhorst. Erwähnt von Ernst Jünger, Tagebuch v. 9. 9. 1945.

Petere licet
- Bitten darf jeder. Rechtssprichwort ⟨WIEGAND 1861, 83⟩.

Petitio ad misericordiam
- Der Appell an das Mitleid ⟨QUOTATIONS 1865⟩.

Petrus Pontanus, Poeseos Professor Publicus, Propter Pocula Prohibetur Praelegere
- Petrus Pontanus, öffentlicher Professor der Poesie, wird wegen Trunkenheit gehindert zu lesen. Bedeutung eines neunfachen P, das Petrus Pontanus aus gegebenem Anlaß an seinen Hörsaal zu schreiben pflegte ⟨WEIS 1976, 164⟩.

Pharmaca das aegroto; aurum tibi porrigit aeger.
Tu morbum curas illius, ille tuum
- Du gibst dem Kranken Heilmittel, der Kranke reicht Dir Geld; so

heilst Du seine Krankheit, und er die Deine. Anonymes Epigramm auf einen Arzt ⟨BENHAM 1948⟩.

Philadelphia maneto
- Die Bruderliebe soll bestehen. Devise der Stadt Philadelphia (USA).

Philippi Theophrasti Paracelsi, qui tantam orbis famam ex auro chemico adeptus est, effigies et ossa, donec rursus circumdabitur pelle
- Des Philipp Theophrast Paracelsus, der solchen Weltruhm aus dem chemischen Gold errungen hat, Ebenbild und Skelett, bis es wieder mit Haut umgeben sein wird. Inschrift eines Grabmals, das Paracelsus (1493-1541) vom Erzbischof Graf von Dietrichstein 1752 im Vorhaus der Kirche St. Sebastian in Salzburg gesetzt wurde. Ernst Wilh. Martius, Erinnerungen, Leipzig 1847, 268.

Philippo Strozzae. Satis hoc, caetera norunt omnes
- Dem Philipp Strozzi, das genügt; das übrige wissen alle. Grabschrift von Filippo Strozzi (d.Ä.?, + 1491) von ihm selbst verfaßt ⟨vgl. FUMAGALLI 1896, 50⟩. Siehe auch *Joannes jacet...*

Phoenix litterarum
- Der Wiederbeleber der klassischen Studien. Ehrentitel des Humanisten Johann Reuchlin (1455-1522), der auch *Eruditorum alpha* genannt wurde.

Pia desideria
- Fromme Wünsche. Titel eines 1627 in Antwerpen erschienenen Buches des belgischen Jesuiten Hermann Hugo (1588-1639). Der Titel wurde aufgenommen durch Philipp Jakob Spener, Pia desideria oder Hertzliches Verlangen nach gottgefälliger Besserung der wahren evangelischen Kirchen, Frankfurt/M. 1676. Später ironisch gebraucht ⟨vgl. BÜCHMANN 1972⟩.

Pietas cum robore conjuncta
- Gottesfurcht verbunden mit Gemütsstärke. Wahlspruch des Markgrafen Albert Friedrich von Brandenburg ⟨SCHOEPS o. J., 178⟩.

Pilulae et injuriae non masticandae, sed deglutiendae sunt
- Pillen und Ungerechtigkeiten soll man nicht kauen, sondern hinunterschlucken. Als Stammbuchspruch 1657 belegt ⟨KEIL 1893, 112⟩.

Piper peperit pecuniam / pecunia peperit pompam
pompa peperit paupertatem / paupertas peperit pietatem
- Der Pfeffer brachte Geld, das Geld brachte Prunk, der Prunk brachte Armut, und die Armut brachte Frömmigkeit. Deutung der drei P im Wappen des reich und wieder arm gewordenen schwäbischen Patriziergeschlechts Vöhlin ⟨vgl. WEIS 1976, 125⟩.

Plenus venter non studet libenter
- Ein voller Bauch studiert nicht gern ⟨BODEUSCH 1866, 283⟩. Sinngemäß bei antiken Autoren, so bei Seneca (epist. 15, 3): *Copia ciborum subtilitas animi impeditur*. Die Herkunft des gereimten Sprichworts ist ungeklärt ⟨vgl. BARTELS 1992⟩.

Plures adorant solem orientem quam occidentem
- Mehr Leute beten die auf- als die untergehende Sonne an. Sylla, zitiert von Fr. Bacon ⟨BENHAM 1948⟩.

Plures crapula quam gladius
- Mehr (hat) die Trunksucht als das Schwert (hingerafft). Zitiert von R. Burton, 1, 1, 1, 1.

Plus olei quam vini
- Mehr Öl als Wein. Wahlspruch des Buchdruckers Henri Estienne (Henricus Stephanus 1528-98) ⟨FUMAGALLI 1975⟩.

Plus quam bestia, quem non afficit musica
- Wen nicht die Musik berühren / kann, den zählt man zu den Tieren. Aus Jena 1596 belegter Stammbuchspruch ⟨KEIL 1893, 81⟩.

Plus ultra
- Darüber hinaus. Wahlspruch Kaiser Karls V (Karls I von Spanien, 1500-58), weil unter seiner Regierung die Reconquista vollendet und Amerika entdeckt wurde. Umkehrung des antiken, auf die Säulen des Herkules bezogenen *Non plus ultra* ⟨vgl. BARTELS 1992⟩.

Politicus debet carere religione, pudore et uxore
- Ein Politiker soll weder Gewissensbisse noch Ehrgefühl noch eine Ehefrau haben. 1761 in ein Stammbuch geschrieben ⟨EuJ 40, 1995, 59⟩.

Poma dat autumnus, formosa est messibus aestas,
ver praebet flores, igne levatur hiems
- Der Herbst gibt Obst, der Sommer ist schön durch Ernten, der
Frühling bringt Blumen, der Winter wird durch Feuer erleichtert
⟨SEPP 1885, 78⟩.

Porta patens esto, nulli claudaris honesto
- Steh' offen, Tür, sei für keinen Ehrenhaften verschlossen. Leonini-
scher Hexameter; Inschrift über der Eingangspforte des Olfers'schen
Hauses in Münster ⟨DIELITZ 1883⟩.

Portae, pulsus, pueri
- Tore, Schläge, Knaben. Geflügeltes Wort unsicherer Herkunft, Kaiser Karl V (1500-58) zugeschrieben, der feste und bewachte Mauern
und Tore, geregelte Glockenschläge und ordentliche Schulen für
Merkmale einer wohlverwalteten Stadt gehalten haben soll. Zitiert
nach Francesco Cancellieri, Le due nove campane di campidoglio,
Rom 1806, der sich beruft auf P. Sarnelli, Lettere ecclesiastice, Venedig 1706, 7, 24. Siehe Gerhard Dohrn-van Rossum, Die Geschichte der
Stunde, München 1992, 148.

Post triduum mulier, hospes fastidit et imber
- Nach drei Tagen wird zur Last / das Weib, der Regen und der Gast
⟨MALL 1988, 265⟩. Varianten bei GARTNER 1574, 95, und WALTHER
1965, 22066-68.

Potior origine virtus
- Tugend steht höher als Herkunft. Wahlspruch der Familie Scott
⟨ZOOZMANN o. J.⟩.

Potum antecedat cibus, ne noceat haustus
- Dem der Trunk nicht Schaden bringt, wer erst ißt und nachher
trinkt. Gesundheitsregel ⟨SEPP 1885, 116⟩.

Praeceptor Germaniae
- Lehrer Deutschlands. Ein neben Hrabanus Maurus (ca 776-856) vor
allem Philipp Melanchthon (1497-1560) zugesprochener Ehrenname.

Praesens Imperfectum, Perfectum Futurum
- Das Gegenwärtige ist unvollkommen, das Künftige ist vollkommen. Inschrift an einem Gymnasium in Österreich ⟨SEPP 1885, 93⟩.

Praesente medico nihil nocet
- In Gegenwart des Arztes tut nichts weh. Im 17. Jh. belegter Medizinerspruch, der wohl auf die Erfahrung anspielt, daß beim Arztbesuch öfters die Schmerzen von selbst vergehen ⟨HERHOLD 1887, 203⟩.

Praesentemque refert quaelibet herba Deum
- Und die Pflanzen jeder Art / künden Gottes Gegenwart. Pentameter ⟨BENHAM 1948⟩. Auch: *Praesentem monstrat* ... ⟨SEPP 1885, 83⟩.

Praesis, ut prosis
- Sei der Erste, um zu nützen. Wortspielerische Devise, zitiert von Jean Paul, 2, 899.

Praestant aeterna caducis
- Die ewigen Dinge gehen über die vergänglichen. Wahlspruch des Herzogs Johann Wilhelm zu Sachsen (+ 1690) ⟨DIELITZ 1883⟩.

Praestat diligi quam metui
- Besser geliebt als gefürchtet werden. Wahlspruch des Markgrafen Joachim von Brandenburg (+ 1600) ⟨KREBS 1896⟩.

Praestat possidere quam persequi
- Der Habich ist besser als der Hättich. Rechtssprichwort ⟨WIEGAND 1861, 84⟩.

Praestat venerari quaedam quam scrutari
- Gewisse Dinge soll man lieber verehren als untersuchen. Grundsatz des D. Erasmus.

Praga mater urbium
- Prag, die Mutter der Städte. Ehrentitel der Stadt Prag, die im Hinblick auf Böhmen auch *Praga caput regni* genannt wurde ⟨Oskar Schürer, Prag, Leipzig 1930, 17⟩.

Premor non opprimor
- Ich werde bedrängt, aber ich lasse mich nicht unterkriegen. Wahlspruch des Erzherzogs Albrecht von Österreich (1559-1621) ⟨DIELITZ 1883⟩.

Prima et secunda nihil, tertia indicat:
quarta et quinta talis, tota luna aequalis
- Der erste und zweite (Tag des Mondumlaufs bedeuten) nichts, der dritte zeigt (das Wetter des Monats) an. Wenn auch der vierte und fünfte so ist, bleibt der ganze Monat gleich. Formel der Wettervorhersage ⟨FUMAGALLI 1975⟩.

Prima lex naturae est parentes amare
- Elternliebe ist das erste Naturgesetz ⟨MALL 1988, 58⟩.

Prima meae gentis
- Die erste (Krone) meines Geschlechts. Friedrich I von Preußen (1657-1713) mit Bezug auf seine Krönung in Königsberg 1701 ⟨DIELITZ 1883⟩.

Primi parentes / prima mors / primus luctus
- Die ersten Eltern, der erste Tod, die erste Trauer. Unterschrift Jean Jacques Rousseaus (1712-78) unter einen Kupferstich: "Adam und Eva an der Leiche Abels" ⟨WEIS 1939, 1, 64⟩.

Primum potum – bibe totum; ad secundum – vide fundum;
erit tertium sicut primum, et sic semper bibe vinum
- Das erste Glas trinke ganz, beim zweiten sieh auf den Grund, das dritte wird wie das erste sein, und so trinke immer Wein. Strophe eines Trinklieds ⟨FUMAGALLI 1975⟩.

Primum non nocere
- Vor allem nicht schaden. Auf Hippokrates zurückgehender Grundsatz der ärztlichen Standesethik ⟨SEPP 1885, 53⟩. auch in der Form: *Nil nocere* ⟨vgl. BARTELS 1992⟩.

Primum propter opus, secundum propter opes, tertium propter opem.
Des französischen Juristen Cujacius (Jacques Cujas 1522-90) Begründung seiner drei Eheschließungen. Zugrunde liegt wohl ein älteres

Wortspiel über Sinn und Zweck des Heiratens: *Opes, opus, ops* - Vermögen, (Liebes)müh und (Alters)versorgung.

Primum vivere, deinde philosophari
- Erst leben, dann philosophieren. Inhaltlich in der Antike belegtes, in der prägnanten Form nicht nachgewiesenes Sprichwort ⟨vgl. BARTELS 1992⟩.

Principium fervet, medium tepet, ultima frigent
- Der Anfang heiß, die Mitte lau, das Ende kalt ⟨SEPP 1885, 49⟩.

Privatorum obliti publica curate
- Vergeßt das eigene, sorgt für das öffentliche (Wohl). Spruch an der Tür der Zehnmänner in Bologna ⟨KEIL 1893, 23⟩. In der Form: *Obliti privatorum ...* im Ratssaal des Rektorenpalastes in Venedig ⟨VOSSEN 1978, 158⟩.

Pro domo
- Für das (eigene) Haus. *Oratio pro domo* hieß in älteren Ciceroausgaben der Titel der Rede, die Cicero nach seiner Rückkehr aus dem Exil im Herbst 57 v. Chr. vor dem Kollegium der Oberpriester gehalten hat, um die Rückgabe von Haus- und Grundbesitz zu erreichen ⟨vgl. BARTELS 1992⟩.

Pro lege, rege, grege
- Für das Gesetz, den König und das Volk. Wahlspruch Wilhelms von Oranien (1533-84) ⟨FUMAGALLI 1975⟩.

Pro nihilo
- Für nichts. Titel einer 1875 in der Schweiz veröffentlichten, gegen Bismarck und dessen Politik gerichteten Broschüre des Grafen Harry von Arnim (1824-1881), der als deutscher Botschafter in Paris (ab 1872) die monarchistischen Bestrebungen in Frankreich in einer die deutschen Interessen verletzenden Weise unterstützt hatte. Aufgrund der Schrift wurde er vor dem preußischen Kammergericht wegen Landesverrats und Majestätsbeleidigung angeklagt und 1876 zu fünf Jahren Zuchthaus *in contumaciam* verurteilt. Er entzog sich der Strafe im Ausland, wo er u. a. eine Verteidigung seiner kirchenpolitischen Ansichten unter dem Titel "*Quid faciamus nos?*" (Wien 1879) veröffentlichte.

Pro pace et fraternitate gentium
- Für Frieden und Brüderlichkeit unter den Völkern. Devise des Friedensnobelpreises.

Pro patria cuncta facere et ferre
- Fürs Vaterland alles tun und tragen. Devise der Reichsstadt Ulm ⟨KREBS 1896⟩.

Pro pelle cutem
- Für das Fell die Haut. Devise der durch König Karl II von England 1670 privilegierten Hudsonbaikompanie (Company of Adventurers of England trading into Hudson's Bay), mit Bezug auf die Gefahren der Pelzjagd ⟨DIELITZ 1883⟩.

Pro rege saepe, pro patria semper
- Für den König oft, für das Vaterland immer. Wahlspruch des französischen Finanzministers Jean Baptiste Colbert (1619-83) ⟨FUMAGALLI 1975⟩.

Pro virtute felix temeritas
- Statt der Tugend glücklicher Wagemut. Bezogen auf Alexander den Großen ⟨BENHAM 1948⟩.

Probitates hae sunt: equitare, natare, sagittare, caestibus certare, aucupare, scacis ludere, versificare
- Die Fähigkeiten sind folgende: Reiten, Schwimmen, Bogenschießen, Faustkämpfen, Vogelfangen, Schachspielen und Versemachen. Aufzählung der ritterlichen Fertigkeiten ⟨FUMAGALLI 1975⟩.

Probus vixit, fortis obiit
- Als ehrlicher Mann hat er gelebt, als unerschrockener ist er gestorben. Denkspruch auf den in der Schlacht bei Hochkirch 1758 gefallenen preußischen Feldmarschall Jakob Keith (1696-1758) ⟨KREBS 1896⟩.

Prodigium Europae
- Wunder Europas. Grabschrift des Juristen Hugo Grotius (1583-1645) ⟨FUMAGALLI 1975⟩.

Prodita lege, impleta cerne, implenda collige
- Lies das Verkündete, betrachte das Erfüllte, sammle, was sich noch erfüllen soll. Blaise Pascal, 248.

Promissa cadunt in debitum
- Versprechungen erzeugen Verpflichtungen ⟨BODEUSCH 1866, 302⟩.

Promoveatur ut amoveatur
- Er möge befördert werden, um ihn zu entfernen. Wortspielerische Verwaltungsregel ⟨SEPP 1885, 115⟩.

Prompte et sincere!
- Bereit und aufrichtig! Wahlspruch des schweizer Reformators Johannes Calvin (1509-64).

Proque fera cerva vera Minerva placet
- Statt der wilden Hindin gefällt uns die wahre Weisheit. Von Hermann Kirchner, Orationes, Erfurt 1626, 1, 244, zitierter Pentameter des gelehrten Landgrafen Moritz von Hessen (1572-1632).

Prospera omnes sibi vindicant, adversa uni imputantur
- Günstiges nehmen Alle für sich in Anspruch, Widriges wird Einem angerechnet ⟨HEYSE 1903, 941⟩.

Protervorum impetum patientia frangebat
- Der Widerwärtigkeiten Ansturm brach er mit Geduld. Der italienische Humanist Leon Battista Alberti (1404-72) über sich selbst.

Providentiae memor
- Eingedenk der Vorsehung. Devise des 1807 von König Friedrich August I von Sachsen in Anwesenheit Kaiser Napoleons I gestifteten Ordens der Rautenkrone. Zum Andenken an die Huld, welche die Vorsehung dem Lande durch den Schutz Napoleons habe angedeihen lassen ⟨KREBS 1896⟩.

Pruritus disputandi est scabies ecclesiae
- Der Juckreiz zu streiten ist die Krätze der Kirche. Nach der Redensart 'itch for disputation' gebildet von Sir Henry Wotton (1568-1639), zitiert von J. A. Comenius, Pampaedia 6, 5.

Pruritus lucendi
- Der Kitzel (stilistisch) zu glänzen. Wohl nach *Pruritus disputandi* gebildet von G. Chr. Lichtenberg, 1, 696.

Pulchra quae videntur, pulchriora quae sciuntur, longe pulcherrima quae ignorantur
- Schön ist, was wir sehen, schöner, was wir wissen, bei weitem am schönsten, was wir nicht kennen. Niels Stensen (Steno 1638-86), Prooemium demonstrationum anatomicarum, Kopenhagen 1673.

Pulchra tueri
- Die Schönheiten schützen. Von dem italienischen Lyriker Olindo Guerrini (* 1845) geprägter Wahlspruch der 'Associazione Nazionale per i paesaggi ed i monumenti pittoreschi d'Italia' <FUMAGALLI 1975>.

Pulchrorum autumnus pulcher
- Der Schönen Herbst ist schön. Zitiert von Fr. Bacon, Of beauty.

Pulchrum est clarescere utroque
- Schön ist's in beidem (d. h. in Krieg und Frieden) zu glänzen. Wahlspruch des Erzherzogs Albrecht VII von Österreich (1559-1621) <DIELITZ 1883>.

Punctum saliens
- Der springende Punkt. Auf Aristoteles zurückgehende Redensart, der in seiner 'Tierkunde' (VI, 3) davon spricht, daß sich im Weißen des Eies das Herz des werdenden Vogels als ein Blutfleck zeige: "Dieser Punkt hüpft und springt." In der 1579 erschienenen lateinischen Übersetzung *(quod punctum salit)* bei Theodorus Gaza (* 1478); in der zitierten Form seit Ulysses Aldrovandi (1522-1605), Ornithologia, Bologna 1599-1603. Später im übertragenen Sinne für die Hauptsache verwendet (vgl. BÜCHMANN 1972).

Quae amissa, salva
- Was verloren war, ist wohlbehalten. Wahlspruch der schottischen Familie Keith, mit Bezug auf die Rettung der schottischen Reichskleinodien durch Keith, den ersten Grafen von Kintore ⟨DIELITZ 1883⟩.

Quae arguuntur, a lumine manifestantur
- Worüber gestritten wird, das wird im Lichte augenscheinlich. Devise der Lichtzieher-Innung in England ⟨DIELITZ 1883⟩.

Quales sunt rivi, tales capiuntur pisces
- Sind die Bäche trübe, frische, / fängt man ebensolche Fische. Zitiert von J. G. Seume, 1262. Auch als Hexameter: *In tali tales capiuntur flumine pisces* ⟨SEPP 1885, 49⟩.

Qualis vita, finis ita
- Wie das Leben, so das Ende ⟨MALL 1988, 54⟩.

Quam docti fingunt magis, quam norunt
- Wie viel mehr erdichten die Gelehrten, als sie wissen. Zitiert von M. E. de Montaigne, 2, 12.

Quam prope ad crimen sine crimine!
- Wie nahe am Verbrechen, ohne doch Verbrechen zu sein! Redensart ⟨BENHAM 1948⟩.

Quando conveniunt ancilla, Sibylla, Camilla,
sermonem faciunt et ab hoc et ab hac et ab illa
- Kommen zusammen die Magd, die Sibylla und die Camilla, / schwätzen sie über dies, über das und auch über jenes. Vom Wittenberger Professor der Dichtkunst Fr. Taubmann aus dem Stegreif verfaßter Vers, "da er etliche Mägde an der Bach waschen und wacker plaudern sahe" ⟨Taubmanniana, Frankfurt u. Leipzig 1722, 253⟩. Der zweite Hexameter auch zitiert: *Garrire incipiunt ...* Öfters werden auch andere Mädchennamen gebraucht. Das Epigramm findet sich zuerst in metrisch falscher Form im "Kurzweiligen Zeitvertreiber", 1666, 56 ⟨BÜCHMANN o. J.⟩.

**Quando Marcus pascha dabit et Johannes cenam dabit,
totus mundus conquassabit**
- Wenn Ostern auf Markus (25. 4.) fällt und Fronleichnam auf Johannes (24. 6.), wird die ganze Welt einstürzen. Alte Prophezeiung ⟨FUMAGALLI 1975⟩. Der 25. 4. ist der letzte Tag, auf den nach der Bestimmung des Konzils von Nicea Ostern fallen darf: *Festum Paschale non praecedit Benedictum nec sequitur Marcum* ⟨SEPP 1885, 78⟩.

Quando nigrescit nox, rem latro patrat atrox
- Bei einbrechender Nacht begeht der Räuber den Einbruch. Hexameter, der sich auch als Pentameter lesen läßt ⟨CAPELLANUS 1966, 172⟩.

**Quando prata virent natali tempore Christi,
tum Paschae festo sub nive tecta latent**
- Grünt zur Weihnachtszeit der Klee, / liegt er Ostern unterm Schnee. Distichon zur Wettervorhersage ⟨SEPP 1885, 78⟩.

Quantilla bestia
- Was für ein kleines Tier. Angeblicher Ausruf eines Legaten der römischen Kirche beim Anblick Martin Luthers ⟨Chr. Steding, Das Reich und die Krankheit der europäischen Kultur, Hamburg 1938, XXXVIII⟩.

Quantum nobis nostrisque ea de Christo fabula profuerit, satis est omnibus saeculis notum
- Was uns und den Unsrigen diese Geschichte von Christus genützt hat, ist allen Jahrhunderten zur Genüge bekannt. Ausspruch, den Papst Leo X (1475-1521) gegenüber Kardinal Pietro Bembo (1470-1547) getan haben soll ⟨John Bale (1495-1563), Pageant of popes, 1574, 179⟩.

Quem sors mulcat, mox mors sulcat
- Wen das Schicksal mißhandelt, den pflügt bald der Tod. Schüttelreim mit der Überschrift: 'Vita somnium breve'. Wendelin Überzwerch (Karl Fuß 1893-1962), Aus dem Ärmel geschüttelt, Stuttgart 1935.

Quem una uxor non castigat, dignus est pluribus
- Wen eine Ehefrau nicht genügend straft, der verdient mehrere.
Francesco Petrarca (1304-74) ⟨FUMAGALLI 1975⟩.

Qui bene distinguit, bene docet
- Gut lehrt, wer gut unterscheidet. Ph. Melanchthon zugeschrieben
⟨SEPP 1885, 104⟩.

Qui capit uxorem litem capit atque dolorem
    -ret   -re -te -ret   -re
- Wer ein Weib nimmt, muß Streit und Schmerz ertragen; wer ohne
Weib ist, ist ohne Streit und Schmerz ⟨FUMAGALLI 1975⟩.

Qui dare vult aliis, non debet quaerere: vultis?
- Wer Jemandem etwas gibt, / muß nicht fragen, ob's beliebt
⟨HEMPEL 1890, 217⟩. Epistulae obscurorum virorum, 1556, 2, 52: ...
dicere vultis.

Qui est inter lupos, oportet ululare cum lupis
- Wer unter Wölfen ist, muß mit den Wölfen heulen. Zitiert in:
Epistulae obscurorum virorum, 1556, 2, 4.

Qui jacet in terra, non habet, unde cadat
- Wer auf der Erde liegt, kann nicht mehr tiefer fallen. Angeblicher
Ausspruch König Karls I von England (1625-49), als ihm in der Ge-
fangenschaft mitgeteilt wurde, daß das Parlament ihm nach dem Le-
ben trachte ⟨JONES 1949⟩. Andere Zuschreibung des Pentameters bei
MAJER.

Qui litem aufert, execrationem in benedictionem mutat
- Wer den Streit beseitigt, verwandelt Fluch in Segen. Wahlspruch
der Äbtissin Anna Salome v. Essen (+ 1691).

Qui monet amat. Ave et cave
- Wer Rat gibt, liebt. Sage Ade und sieh Dich vor. Zitiert von R.
Burton.

Qui negat esse Deum, spectet modo sidera caeli!
Sidera qui spectat, non negat esse Deum
- Wer leugnet Gott in dieser Welt, der blicke auf zum Sternenzelt; /

wer das Sternenzelt erschaut, leugnet nicht: Gott hat's gebaut ⟨SEPP 1885, 80⟩.

Qui nescit dissimulare, nescit regnare
- Wer nicht zu verheimlichen weiß, weiß nicht zu regieren. Rat König Ludwigs XI von Frankreich (1423-83) an seinen Sohn ⟨FUMAGALLI 1975⟩. In der Form ... *nescit gubernare* schon Wahlspruch Kaiser Friedrichs I (reg. 1152-90).

Qui nescit orare, vadat ad mare
- Wer nicht zu beten weiß, fahre zur See ⟨SCHREGER 1766, 19⟩.

Qui non est in omnibus aliquid, in singulis est nihil
- Wer nicht in allem etwas ist, ist im einzelnen nichts. Wahlspruch des Historikers Heinrich Luden (1780-1847). Erwähnt von Dietrich Schäfer in: Preuß. Jahrbücher 1880, 398.

Qui non habet in nummis,
dem hilft nicht, daß er fromm ist.
Qui dat pecuniam summis,
der macht wol schlecht, was krumm ist.
Makkaronische Verse bei M. Luther, Tischreden oder Colloquia, hrsg. von Friedrich v. Schmidt, Leipzig (1878), 397. Gemeint sind Leute, die kein Geld haben bzw. Bestechungsgeld den Oberen geben. Varianten bei WALTHER 1966, 24402.

Qui non libere veritatem pronuntiat, proditor veritatis est
- Wer die Wahrheit nicht freimütig bekennt, ist ein Verräter an der Wahrheit.

Qui non vidit Coloniam, non vidit Germaniam
- Wer Köln nicht gesehen hat, hat Deutschland nicht gesehen ⟨MALL 1988, 81⟩.

Qui numerare incipit, errare incipit
- Wer zu zählen anfängt, fängt an zu irren.

Qui numquam quievit, quiescit
- Der niemals ruhte, ruht hier. Grabschrift des Granden Gian Giacomo Trivulzio (1436-1518), Marschalls von Frankreich, im von Barto-

lommeo Suardi 1512 errrichteten Mausoleum der Trivulzio vor S. Nazaro in Mailand ⟨FUMAGALLI 1975⟩.

Qui odit veritatem, odit lucem
- Wer die Wahrheit haßt, haßt das Licht. Inschrift unter einem sich bespiegelnden Frauenakt in einem Badezimmer der Villa di San Martino auf Elba ⟨FAZ v. 11. 11. 1993⟩.

Qui proficit in litteris et deficit in moribus, plus deficit quam proficit
- Wer in den Wissenschaften vorankommt und in den Sitten zurückbleibt, der nimmt mehr ab als zu ⟨WALTHER, 24563⟩. Zitiert von Matthias Claudius (1740-1815), Ausgewählte Werke, hrsg. v. Walter Münz, Stuttgart 1990, 149.

Qui replicat, multiplicat
- Wer erwidert, vervielfältigt. Zitiert von Fr. Bacon ⟨BENHAM 1948⟩.

Qui saluti publicae vixit non diu, sed totus
- Der dem öffentlichen Wohl nicht lange, aber ganz gelebt hat. Inschrift der Reiterstatue Kaiser Josphs II (1741-90) auf dem Wiener Josephsplatz ⟨KREBS 1896⟩.

Quid est veritas? - Est vir qui adest.
Anagramm nach der Vulgata (Io. 18, 38) ⟨MALL 1988, 97⟩.

Quieta non movere
- Was ruhig ist, nicht bewegen. Auf Macarius Hieromonachus zurückgehendes Sprichwort, lateinisch zuerst in positiver Wendung bei Sallust (Cat. 21, 1), wo von Catilinas Genossen gesagt wird, daß ihnen 'quieta movere magna merces videbatur'. Von Fürst Bismarck als guter konservativer Grundsatz zitiert in einer Rede, die er am 14. 4. 1891 in Friedrichsruh an den Vorstand des Kieler Konservativen Vereins richtete ⟨vgl. BÜCHMANN 1972, ROLAND/BOYER 1979⟩. Auch als Rechtssprichwort: *Stare decisis et non movere quieta* ⟨BENHAM 1948⟩.

Quinque horas dormisse sat est juvenique senique
- Fünf Stunden schlafen gleicherweise / genügt dem Jüngling wie dem Greise. Hexameter als Gesundheitsregel ⟨BAYER 1993⟩.

Quis, quid, ubi, quibus auxiliis, cur, quomodo, quando?
- Wer? Was? Wo? Wodurch? Warum? Wie? Wann? Von dem Philosophen Joachim Georg Daries (+ 1791) in Frankfurt a. O. aufgestellte und in Hexameterform gebrachte philosophische Kategorien.

Quis separabit?
- Wer wird (sie) trennen? Devise des 1783 von König Georg III von England gestifteten irischen Patrickordens; bezogen auf die Verbindung von Großbritannien und Irland 〈FUMAGALLI 1975〉.

Quisquis ad vitam editur, ad mortem destinatur
- Wer auch immer tritt ins Leben, / ist dem Tod anheimgegeben. Zitiert 1634 von Jac. Crucius, 5, 486.

Quo non ascendet
- Wohin wird es nicht steigen? Wahlspruch des französischen Finanzministers Nicolas Foucquet (1615-80), der ein auf sein Amt anspielendes Eichhörnchen im Wappen führte.

Quo res cumque cadunt, semper stat linea recta
- Wie auch die Dinge sich wenden, mein Weg bleibt immer der rechte. Wahlspruch des Fürsten Karl Joseph von Ligne (1735-1814).

Quod erat demonstrandum
- Was zu beweisen war. Auf Euklid zurückgehende Formel am Schluß von Beweisführungen; zuerst in Zambertis lateinischer Übersetzung des Euklid, die 1500 in Venedig erschien 〈vgl. BÜCHMANN 1972〉.

Quod fieri non debuit, factum valet
- Was nicht getan werden durfte, ist gültig, wenn es getan ist. Edward Coke 〈BENHAM 1948〉.

Quod fieri potest per pauca, non debet fieri per plura
- Was mit wenigem abgetan werden kann, muß nicht mit vielem getan werden. Zitiert von Matthias Claudius (1740-1815), Ernst und Kurzweil von meinem Vetter an mich. Auch bei HERHOLD 1887, 224.

Quod hamus, damus
- Was wir haben, geben wir. Mönchslatein ⟨MALL 1988, 60⟩. Auch in negativer Wendung: *Nemo dat, quod non hat* ⟨BAYER 1993⟩.

Quod non est in actis, non est in historia
- Was nicht in den Akten ist, ist nicht in der Geschichte. Wahlspruch des Göttinger Historikers Hermann Heimpel (1901-88). Abwandlung des Rechtssprichworts ungeklärter Herkunft *Quod non est in actis, non est in mundo* ⟨vgl. BARTELS 1992⟩.

Quod non fecerunt barbari, fecerunt Barbarini (oder: Barberini)
- Was die Barbaren nicht getan haben, haben die Barberini getan. Dem apostolischen Pronotar Carlo Castelli (1565-1639) zugeschrieben, der damit (1625?) Kritik an Papst Urban VIII (Maffeo Barberini, reg. 1623-44) geäußert haben soll, weil dieser aus Bronzeteilen des Pantheons das Tabernakel über dem Hauptaltar der Peterskirche und Kanonen für die Engelsburg gießen ließ ⟨vgl. BÜCHMANN 1972⟩.

Quod quis per alium facit, ipse fecisse putatur
- Was einer durch einen anderen tun läßt, gilt, als ob er es selbst getan. Rechtssprichwort ⟨SEPP 1885, 13⟩.

Quod Siculis placuit, sola Sperlinga negavit
- Was den Siziliern gefiel, hat nur Sperlinga verweigert. Inschrift am Kastell von Sperlinga, deren Einwohner als einzige zur Zeit der Sizilianischen Vesper (1282) den Franzosen Asyl gewährten ⟨FUMAGALLI 1975⟩.

Quorum
- Deren. Englischer Rechtsbegriff, erwähnt 1627. Es war üblich, die Mitglieder eines Kommittees aufzuführen, wovon (quorum) eine bestimmte Zahl anwesend sein mußte, um rechtmäßig tätig werden zu können ⟨vgl. SKEAT 1961⟩. Später für die erforderliche Präsenzziffer.

Quot caelum stellas, tot habet tua Roma puellas
- Soviel Stern' am Himmel stehn, / kannst in Rom Du Mädchen sehn. Einer der wenigen binnengereimten Hexameter Ovids (ars am. 1, 59). Von Fr. Taubmann wird erzählt, er habe, als Kardinal Clesel das römische Frauenzimmer in diesem Vers rühmte, aus dem Stegreif ergänzt: *Pascua quotque haedos, tot habet tua Roma cinaedos* - "So-

viel Böcke die Weyde, so viel Knaben-Schänder hat Rom" ⟨Taubman-niana, Frankfurt u. Leipzig 1722, 123⟩. Der Vers findet sich aber mit einer anderen Anekdote schon bei B. Castiglione, 1528, 2, 61.

Quot linguas (quis) callet, tot homines valet
- Wieviele Sprachen einer kennt, soviele Menschen ist er wert. Kaiser Karl V (1500-58) zugeschrieben ⟨SEPP 1885, 20⟩. Zitiert von A. Schopenhauer, Parerga und Paralipomena, Leipzig 1891, 601.

Quota sit hora petis, dum petis, hora fugit
- Wenn Du fragst, wie spät es sei, flieht die Stunde schon vorbei. Inschrift auf Sonnenuhren ⟨FUMAGALLI 1975⟩.

Radiis virorum coruscant mulieres
- Mit den Strahlen der Männer leuchten die Frauen. Rechtssprichwort über den abgeleiteten sozialen Status der Ehefrauen. In Deutschland veraltender Grundsatz ⟨LIEBS 1982⟩.

Ratio militans
- Die kämpferische Vernunft. Von Heinrich Mann (1871-1950) im Hinblick auf die Französische Revolution gebraucht ⟨FAZ v. 10. 5. 1989, 33⟩. Abwandlung von *Ecclesia militans* ⟨vgl. BÜCHMANN 1972, 628⟩.

Recepto visu libertatem arripio
- Nachdem mir die Augen geöffnet sind, ergreife ich die Freiheit. Wahlspruch des Kölner Erzbischofs Salentin von Isenburg (+ 1626), mit Bezug auf die Lehre Luthers ⟨DIELITZ 1883⟩.

Recipiunt feminae sustentacula a nobis
- Die Frauen erhalten Stützen von uns. Devise der englischen Holzschuhmacher-Innung (Pattenmaker's Company) ⟨DIELITZ 1883⟩.

Recordare novissima
- Bedenke das Ende. Wahlspruch von Jacob Gallo, Patriarch von Jerusalem ⟨DIELITZ 1883⟩.

Recta fides certa est, arcet mala schismata, non est,
sicut creta, fides fictilis: arte caret.
Distichon von John Owen, 198, als fünffaches Anagramm.

Recte agendo neminem timeas
- Tue recht und scheue niemand. Siehe Lauchert, Euphorion 8, 1908, 210-211. Von G. Chr. Lichtenberg, 1, 919 scherzhaft umgebildet zu *Nihil agendo neminem timeas.* In der Variante *Recte faciendo* ... 1580 belegt ⟨KREBS 1896⟩.

Religio vinculum societatis
- Die Religion ist das Band der Gesellschaft. Vielleicht 16. Jh.

Rem, regem, regimen, regionem, religionem
conserva Bavaris, Virgo Maria, tuis
- Die Güter, den König, die Regierung, das Land und die Religion erhalte, Jungfrau Maria, Deinen Bayern. Distichon von Jacob Balde (1605-75), das König Maximilian IV von Bayern (1756-1825) in eine Mariensäule in München meißeln ließ ⟨SEPP 1885, 95⟩. Die Inschrift wurde später verändert ⟨s. WEIS 1939, 2, 76⟩. Der alliterierende Hexameter ist rhopalisch, d. h. keulenförmig, da jedes Wort um eine Silbe zunimmt. In einer Variante aus der Hugenottenzeit wurde der Versus rhopalicus im Pentameter fortgesetzt: *Restauraverimus religionicolae* ⟨WEIS 1976, 88⟩.

Res, non verba
- Sachen, nicht Worte. Wahlspruch u. a. des französischen Generals Lazare Hoche (1768-97) ⟨FUMAGALLI 1975⟩.

Res satis est nota: foetent plus stercora mota
- Es ist bekannt von altersher, / der aufgerührte Mist stinkt mehr ⟨GARTNER 1574, 97⟩.

Reservatio mentalis
- Gedanklicher Vorbehalt. *Restrictio mentalis* bezeichnete den für erlaubt gehaltenen inneren Vorbehalt bei der Eidesleistung als einen jesuitischen Kunstgriff zuerst bei Hermann Busenbaum (1600-68), Medulla theologiae moralis, o. O. 1652, III, 2, 2, 4. Das Verfahren wurde schon von dem Jesuiten Sanchez, Opus morale, Köln 1614, III, 6, 15, beschrieben: "Si quis ... juret, se non fecisse aliquid, quod re

vera fecit, vel aliam diem ab ea, in qua fecit, vel quodvis aliud additum verum, re vera non mentitur nec est perjurus" ⟨vgl. BÜCHMANN 1972⟩.

Resipiscite gentes!
- Faßt wieder Mut, Völker! Herzog Wilhelm zu Sachsen (+ 1662) auf den Westfälischen Frieden ⟨DIELITZ 1883⟩.

Resurrecturis
- Denen, die auferstehen werden. Inschrift auf dem Friedhof in Meran ⟨WEIS 1976, 117⟩.

Rex christianissimus
- Allerchristlichster König. Ehrentitel des Königs Ludwig XI von Frankreich (1423-1483), der ihm vom Papst wegen der zeitweiligen Aufhebung der von seinem Vater erteilten Pragmatischen Sanktion verliehen wurde.

Rex in purpura, senator in curia, captivus in urbe
- König im Purpur, Senator im Rate, Gefangener in der Stadt. Bezogen auf den Dogen von Venedig ⟨FUMAGALLI 1975⟩.

Rex regnat, sed non gubernat
- Der König herrscht, aber er regiert nicht. Das Wort geht auf den polnischen Staatsmann Jan Zamojski (1541-1605) zurück, der am Ende einer Rede im polnischen Reichstag vor König Sigismund III von Polen (1587-1632) sagte: "Regna, sed non impera." Die heutige Form erhielt der Ausspruch durch Adolphe Thiers (1797-1877) in einem Artikel der Zeitung 'Le National' vom 4. 2. 1830 ⟨vgl. BÜCHMANN 1972⟩.

Rex regum et dominus dominantium
- König der Könige und Herr der Herrschenden. Inschrift unter einem Christusmonogramm an der Porta Maggiore des Palazzo Vecchio in Florenz ⟨FUMAGALLI 1975⟩.

Roma caput mundi regit orbis frena rotundi
- Rom, das Haupt der Welt lenkt die Zügel des Erdkreises. Leoninischer Hexameter, zitiert von G. Chr. Lichtenberg, 1, 422.

Roma locuta, causa finita
- Rom hat gesprochen, der Fall ist abgeschlossen. *Causa finita est* begegnet bei Augustinus, Predigten 131, 10, 10. Die zweigliedrige Fassung zuerst französisch bei J. B. J. Willart de Grècourt (1683-1743) in dem Gedicht 'Philotanus': Rome a parlè, l'affaire est terminèe ⟨BARTELS 1992⟩.

Rore vixit more cicadae
- Er lebte vom Tau wie die Zikade. Sir Thomas Browne (1605-82), Religio medici, London 1642, 11.

Rubor, tumor, dolor, calor et functio laesa
- Rötung, Schwellung, Schmerz, Hitze und beeinträchtigte Funktion. Medizinischer Merkvers für die Symptome der Entzündung ⟨MALL 1988, 84⟩.

Rus in urbe
- Das Land in der Stadt. Anspielung auf die Gärten der römischen Adelshäuser ⟨FUMAGALLI 1975⟩.

Sacrificium intellectus
- Opferung des Verstandes. Seit der Unterwerfung der katholischen Bischöfe unter das Unfehlbarkeitsdogma von 1870 sprichwörtlich (auch italienisch: Sacrifizio dell' intelletto) gebraucht für die Unterordnung der eigenen Überzeugung unter einen höheren Machtanspruch. Dem Sinne nach Paulus (2. Cor. 10, 5): *et in captivitatem redigentes omnem intellectum in obsequium Christi* - Wir nehmen alles Denken gefangen, um es Christus dienstbar zu machen.

Saeculis superioribus regebat *Conscientia*, saeculis posterioribus regebat *Scientia*, nunc regunt *Entia*.
Fr. Taubmann zugeschrieben. Vgl. Taubmanniana, Frankfurt und Leipzig 1722, 150: Taubmannus pflegte öffters über Tische zu erinnern, daß in den ersten *seculis* regiert hätte *conscientia*, in den andern *scientia*, und in den letzten Zeiten würden sich *entia* hervorthun.

Saeculum plumbeum
- Das bleierne Zeitalter. Bezeichnung des sechsten bis neunten Jahrhunderts durch den Kirchenhistoriker Cesare Kardinal Baronio (Baronius 1538-1607).

Saepe latet vitium proximitate boni
- Oft verbirgt sich das Laster in der Nähe des Guten. Pentameter, zitiert von Francis Bacon, Table of the colours, 7.

Saepe solet similis filius esse patri,
et sequitur leviter filia matris iter
- Oft pflegt der Sohn dem Vater ähnlich zu sein, und leicht folgt die Tochter dem Weg der Mutter. Zwei Pentameter bei Fr. Rabelais, 2, 41.

Saevis tranquillus in undis
- Ruhig in wilden Wogen. Wahlspruch Wilhelms I von Nassau-Oranien (+ 1650) ⟨KREBS 1896⟩.

Salarium non dat multis salem
- Vielen gibt das Salär nicht das Salz. Wortspiel mit der Etymologie von 'salarium' (Salzration) ⟨BENHAM 1948⟩.

Salubritati
- Der Gesundheit. Inschrift an einem öffentlichen Bad in Bamberg ⟨WEIS 1976, 130⟩.

Salus aegroti suprema lex
- Das Heil des Kranken ist oberstes Gebot. Ärztlicher Grundsatz. Siehe *Regis voluntas ...*

Salve, cara Deo tellus, sanctissima, salve
- Sei gegrüßt, gottliebes Land, heiligstes Land sei gegrüßt. Hexameter Francesco Petrarcas (1304-74), als er in den Alpen vom Gipfel des Monte Gebenna Italien wiedersah ⟨FUMAGALLI 1975⟩.

Sanus eris, si parcus edas multumque labores
imponasque tuis frena libidinibus
- Wer wenig ißt, viel werkelt und / Begierden zügelt, bleibt gesund. Distichon ⟨SEPP 1885, 68⟩.

Sapiens mulier aedificat domum suam:
insipiens extructam quoque manibus destruet
- Die kluge Frau erbaut ihr Haus, die törichte zerstört auch das erbaute mit den Händen ⟨MALL 1988, 84⟩.

Sapientior nemo, ubi sapit, dementior nullus, ubi errat
- Niemand weiser, wo er verständig war, niemand törichter, wo er irrte. Albrecht v. Haller (1708-77) über Girolamo Cardano. K. Sudhoff, Kurzes Handbuch der Geschichte der Medizin, Berlin 1922, 243.

Sapientissime fiunt omnia, quae pro republica fiunt
- Sehr weislich geschieht alles, was für das Gemeinwohl geschieht. Spruch am Hohen Tor in Danzig ⟨ZOOZMANN o. J.⟩.

Sartor resartus
- Der geflickte Flickschneider. Titel einer zuerst in Fraser's Magazine (1833/34) erschienenen satirischen Schrift des englischen Historikers Thomas Carlyle (1795-1881).

Sat cito, si sat tuto
- Schnell genug, wenn sicher genug. Vom englischen Staatsmann John Scott Graf von Eldon (1751-1838) geschätzte Variante eines Cato von Hieronymus zugeschriebenen Sprichworts: *Sat cito si sat bene* ⟨BENHAM 1948⟩.

Scientia est potentia.
Siehe *Nam et ipsa scientia* ...

Scire est reminisci
- Wissen heißt, sich erinnern ⟨FUMAGALLI 1975⟩.

Scire tuum nihil est, nisi te scire hoc sciat alter
- Was Du weißt, ist gar nichts wert, / wenn davon kein andrer hört ⟨WEIS 1939, 2, 29⟩.

Scribere qui nescit, nullum putat esse laborem,
tres digiti scribunt, totum corpusque laborat
- Wer nicht zu schreiben weiß, meint es sei keine Arbeit; drei Finger schreiben und der ganze Körper müht sich. Als Stammbuchverse (Bayreuth 1657) belegt ⟨KEIL 1893, 109⟩.

Scriptorum chorus omnis amat nemus et fugit urbes
- Die ganze Dichterschar liebt den Hain und flieht die Städte. Hexameter am Eingang des Parks von Ermenonville 40 km nordöstlich von Paris, wo J. J. Rousseau seine letzten Lebenswochen verlebte ⟨FAZ v. 22. 2. 1992⟩.

Secunda Petri
- Die Urteilskraft. In der Wendung: 'Es fehlt ihm die secunda (scil. pars) Petri' bezogen auf die Logik des Humanisten Petrus Ramus (Pierre de la Ramée 1515-72), deren zweiter Teil von den Urteilen handelt ⟨HEYSE 1893, 770⟩.

Secusiae civitatis in flammis probatus amor
- Die Liebe der Stadt Susa ist in den Flammen erprobt. Devise der italienischen Stadt Susa, die 1075 auf Befehl Barbarossas in Brand gesteckt wurde ⟨FUMAGALLI 1975⟩.

Sedulo curavi, humanas actiones non ridere, non lugere, neque detestari, sed intellegere
- Ich habe mich eifrig bemüht, der Menschen Tun weder zu belachen noch zu beweinen noch zu verabscheuen, sondern es zu begreifen. B. de Spinoza (1632-77), Tractatus politicus, 1677.

Semel abbas, semper abbas
- Einmal Abt, immer Abt. Prinzip des *status indelebilis* ⟨MALL 1988, 58⟩.

Semel apoplecticus, semper apoplecticus
- Einmal vom Schlaganfall betroffen, stets vom Schlaganfall bedroht. Medizinischer Erfahrungssatz ⟨FUMAGALLI 1975⟩.

Semper adamas in poenis
- Stets unbeugsam in Mühseligkeiten. Devise Lorenzos des Prächtigen (1449-92) in seinem Wappen, das einen Diamanten (adamas) mit drei Straußenfedern zeigt. Wortspiel mit 'poenis' und 'pennis' ⟨FUMAGALLI 1975⟩.

Semper aliquid haeret.
Siehe *Audacter calumniare ...*

Semper eadem
- Immer dieselbe. Wahlspruch der Königin Elisabeth I von England (1533-1603). Verbunden mit dem Phoenix im Wappen auch Wahlspruch der venezianischen Buchdruckerfamilie Gioliti ⟨BENHAM 1948, FU-MAGALLI 1975⟩. Abwandlung von *Semper idem*, womit von Cicero (Tusc. 3, 15, 31) der durch nichts zu störende Gleichmut des Sokrates gerühmt wird.

Semper mortuus / Semper vivus
- Semper ist tot, / er lebt immer. Grabschrift des Architekten Gottfried Semper (1803-1879) am Grabmal auf dem Protestantischen Friedhof in Rom.

Semper sexus masculinus etiam femininum sexum continet
- Das männliche Geschlecht enthält stets auch das weibliche. Veraltender Rechtsgrundsatz ⟨MALL 1988, 63⟩.

Semper talis
- Immer ein solcher. Inschrift auf den Helmen des Stabes und 1. Bataillons des preußischen 1. Garderegiments zu Fuß.

Senescit et se nescit
- Er altert und erkennt sich nicht. Wortspiel ⟨MALL 1988, 76⟩.

Seniorum conversatio est juniorum educatio perfecta
- Der Umgang mit den Älteren dient Jüngeren zur vollkommenen Erziehung. Stammbuchspruch (Basel 1604) ⟨KEIL 1893, 75⟩.

Sensus farciminitatis
- Stimmung gänzlicher Wurschtigkeit. Von Karl Gustav Schwetschke (1804-81) in Küchenlatein übertragener Ausdruck O. v. Bismarcks, der ihn zuerst 1853 in einem Brief an seine Schwester im Hinblick auf den Frankfurter Bundestag gebrauchte.

Sentire et scire
- Wahrnehmen und wissen. Wahlspruch von Thomas Campanella (1568-1639).

Septem urbes certant de stirpe insignis Homeri.
Siehe *Smyrna ...*

Sero adveniat!
- Möge er spät kommen! Auf den Tod bezogener Wunsch ⟨QUOTA-TIONS 1865⟩.

Sero venientibus ossa
- Den zu spät kommenden die Knochen. Sprichwort unbekannter Herkunft ⟨BARTELS 1992⟩.

Serva ordinem, et ordo servabit te
- Bewahre die Ordnung und die Ordnung wird Dich bewahren. Sprichwort ungewisser Herkunft.

Servantissimus aequi
- Vor allem des Billigen Diener. Wahlspruch des preußischen Königs Friedrich Wilhelm II (1744-97) ⟨REICHERT 1957, 81⟩.

Serviendum et laetandum
- Man muß dienen und sich freuen. Aus einem Gebetbuch Samuel Johnsons, erwähnt von James Boswell, The life of Samuel Johnson, London 1791, 1, 391.

Sex horas dormire sat est juvenique senique,
septem vix pigro, nulli concedimus octo
- Dem Jüngling wie dem Greis genügen / schon sechs Stunden Schlaf zur Nacht, / sieben bleibt der Faulpelz liegen, / niemandem gebühren acht. Gesundheitsregel ⟨MALL 1988, 128⟩.

Sex horas somno, totidem des legibus aequis,
quattuor orabis, des epulisque duas;
quod superest ultra sacris largire Camoenis
- Gib sechs Stunden dem Schlaf und ebensoviel dem Studium gerechter Gesetze; bete vier Stunden und verwende zwei auf die Mahlzeiten; was übrig bleibt, schenke den heiligen Musen. Edward Coke ⟨BENHAM 1948⟩.

Sex me vix memini sustinuisse vices
- Kaum erinnere ich mich, es sechsmal ausgestanden zu haben. M. E. de Montaigne, 3, 13, nach Ovid (am. 3, 7, 26): *Et memini numeros sustinuisse novem.*

Sexu femina, ingenio vir
- Nach dem Geschlecht eine Frau, nach dem Charakter ein Mann.
(Fingierte) Grabschrift für Kaiserin Maria Theresia von Österreich
(1717-80) ⟨BENHAM 1948⟩.

Sexus, Plexus, Nexus.
Titel der drei Bände des Romans "The Rosy Crucifixion" von Henry
Miller (1891-1980).

Si antiquitatem spectes, est vetustissima; si dignitatem, est honoratissima; si jurisdictionem, est capacissima
- Wenn man aufs Alter sieht, ist sie die älteste, wenn man die
Würde bedenkt, ist sie die ehrwürdigste, wenn man die Rechtsgewalt
berücksichtigt, hat sie die umfassendste. Edward Coke über die englische Volksvertretung (House of Commons) ⟨BENHAM 1948⟩.

Si bene commemini, causae sunt quinque bibendi:
hospitis adventus, praesens sitis atque futura,
et vini bonitas, et quaelibet altera causa
- Man kann, wenn wir es überlegen, / Wein trinken fünf Ursachen
wegen: Einmal um eines Festtages willen, / sodann vorhandenen
Durst zu stillen, / ingleichen künftigen abzuwehren, / ferner dem
guten Wein zu Ehren / und endlich um jeder Ursache willen. Aegi-
dius Menagius (1613-92). Von anderen P. Jacques Sirmond (1559-1651)
zugeschrieben. Deutsche Version von Friedrich Rückert, Gesammelte
Gedichte, Erlangen 1834/38, VI. Freiere Übersetzung durch G. E. Lessing. Auch zitiert: *Recte si memini* ... ⟨vgl. BÜCHMANN 1972, 215⟩.

Si brevis es, sedeas, ne stans videare sedere
- Wenn Du kurz geraten bist, setze Dich, damit man Dich stehend
nicht für sitzend hält. Hexameter ⟨SCHREGER 1766, 44⟩.

Si cum claudo cohabites, subclaudicare disces
- Wohnst Du mit einem Hinkenden zusammen, lernst Du auch ein
bißchen hinken ⟨MALL 1988, 265⟩.

Si cum Jesuitis, non cum Jesu itis
- Wenn Ihr mit den Jesuiten geht, geht Ihr nicht mit Jesus. Dem
deutschen 'Jesuiter - Jesuwider' entsprechendes Wortspiel, das je-

mand 1845 an das Jesuitenkolleg in Innsbruck schrieb ⟨WEIS 1976, 169⟩. Es ist wohl älter.

Si fueris Romae, Romano vivito more,
si fueris alibi, vivito sicut ibi!
- Kommst nach Rom Du auf der Reise, / lebe nach der Römer Weise; / bist Du anderswo, / mach' es ebenso. 1746 gebuchtes Distichon ⟨KEIL 1893, 219⟩.

Si inveneris hominem cuccabilem, cucca eum
- Wenn du einen Menschen findest, der sich hintergehen läßt, hintergehe ihn. Scherzhafter Rat ⟨FUMAGALLI 1975⟩. Das Adjektiv ist abgeleitet von it. *cuccare*, hintergehen.

Si mereor, in me
- Gegen mich, wenn ich's verdiene. Inschrift einer Münze, die zur Krönung König Jakobs I von England (1567) geprägt wurde und eine Hand zeigte, die ein Schwert hält ⟨BENHAM 1948⟩.

Si monumentum requiris, circumspice
- Wenn Du (s)ein Denkmal suchst, schau um Dich. Schluß des Epitaphs für den englischen Architekten Sir Christopher Wren (1632-1723) in der von ihm 1675-1710 erbauten St. Paul's Cathedral in London. Die von seinem Sohn verfaßte Grabschrift lautet: *Subtus conditur / Hujus ecclesiae conditor / Ch. Wren / qui vixit annos ultra nonaginta, / Non sibi sed bono publico. / Lector, si monumentum requiris, / Circumspice* ⟨J. H. Leigh Hunt, The town, London 1903, 63⟩.

Si non caste, tamen caute
- Wenn nicht keusch, so doch umsichtig. In einem Scholion des mittelalterlichen Geschichtsschreibers Adam von Bremen überlieferter Ausspruch des Bremer Erzbischofs Adalbert (1049) an seine Kleriker, die in der Mehrheit keine Priester waren. Ursprünglich gedacht als Mahnung, sich nur innerhalb der eigenen Ehe sexuell zu betätigen. Die antiklerikale Tendenz - so bei B. Castiglione, 1528, 2, 20 - wurde dem Ausspruch erst später unterlegt. Vgl. Horst Fuhrmann in: Mare Balticum, Festschrift für Erich Hoffmann, Sigmaringen 1992.

Si non erraret cantor quandoque canendo,
rusticus hanc artem diceret esse levem
- Wenn der Kantor sein Gesinge nicht auch mal verhunzt, / würde
wohl der Bauer sagen, das wär' keine Kunst. Distichon, zitiert von G.
E. Lessing 1857, 11, 558, mit der Bemerkung: 'Ein Vers, den ohne
Zweifel ein Kantor selbst gemacht, um sein Sauen zu entschuldigen'.

Si possis, suaviter: si non, quocumque modo
- Wenn Du kannst, geh milde vor, wenn nicht, dann auf jede andere
Weise. Abwandlung des horazischen *Si possis recte* ... ⟨BENHAM
1948; FUMAGALLI 1975⟩.

Si qua sede sedes et est tibi commoda sedes:
illa sede sede nec ab illa sede recede
- Sitzest Du auf einem Posten, und der Posten ist Dein Glück, /
bleibe auf dem Posten sitzen, zieh' Dich nicht von ihm zurück. Wortspielerische Lebensregel ⟨NEANDER 1590⟩.

Si quam sis ducens, habeat P quinque Puella,
sit pia, sit prudens, pulchra, pudica, potens
- Führst Du eine in die Eh', / sei's ein Mädchen mit fünf P. 1736 belegtes Distichon ⟨KEIL 1893, 203⟩. Auch in der Form: *Quam sis duc-*
turus teneat P ... ⟨WEIS 1976, 24⟩.

Si quid fecisti, nega
- Wenn Du etwas angerichtet hast, streite es ab. Angeblicher Jesuitenspruch ⟨KRÜGER 1981, 447⟩.

Si quod feceris honestum cum labore, labor abit, honestum manet. Si
quid feceris turpe cum voluptate, voluptas abit, turpitudo manet
- Wenn Du etwas Ehrenhaftes mit Mühe gemacht hast, dann vergeht
die Mühe und das Ehrenhafte bleibt. Wenn Du etwas Schändliches
mit Vergnügen gemacht hast, dann vergeht das Vergnügen und das
Schändliche bleibt. Anonym ⟨BENHAM 1948⟩.

Si tibi deficiant medici, medici tibi fient
haec tria: mens hilaris, certa diaeta, quies
- Fehlen Dir die Ärzte, nimm als Ärzte diese drei: Froher Sinn, das
Essen mäßig und die Ruhe auch dabei. Distichon, als Stammbuchvers
1587 in Heidelberg belegt ⟨KEIL 1893, 80⟩.

Si vis incolumem, si vis te reddere sanum,
curas tolle graves, irasci crede profanum
- If you would safe and happy be, abstain / from anxious cares -
think anger, too, profane ⟨QUOTATIONS 1865⟩.

Si vis pacem, cole justitiam
- Wenn Du Frieden willst, pflege die Gerechtigkeit. Inschrift am Eingang des Haager Friedenspalastes. Variante der militärischen Maxime *Si vis pacem, para bellum*, die sich sinngemäß bei Fl. Vegetius Renatus findet ⟨vgl. BÜCHMANN 1972, 590⟩.

Si vis vitam, para mortem
- Wenn Du das Leben willst, bereite den Tod vor. Sigmund Freud 1915; banale Variante des *Si vis pacem* ...

Si vis sanari de morbo nescio quali,
accipias herbam, sed quam vel nescio qualem,
ponas nescio quo, sanabere nescio quando
- Wenn Du von irgendeiner Krankheit geheilt werden möchtest, nimm ein Kraut, ich weiß nicht was oder welches, lege es auf, ich weiß nicht wo, und Du wirst, ich weiß nicht wann, geheilt werden. Satirisch auf die Kunst der Ärzte bezogen ⟨FUMAGALLI 1975⟩.

Sic eunt fata hominum
- So gehen die Schicksale der Menschen ⟨WIEGAND 1861, 51⟩. Auch ergänzt: *Ach, gingen sie doch nicht so krumm!*

Sic nos, sic nobis
- Wie wir tun, so geschieht uns. Von Otto v. Bismarck gebrauchte Abwandlung des *Sic nos, non nobis amplificamus agros*, zurückgehend auf Vergils *Sic vos non vobis* ⟨vgl. BÜCHMANN 1972, 545⟩.

Sic orimur - sic vivimus - sic morimur
- So entstehen wir, so leben wir, so sterben wir. Inschrift auf einer Sonnenuhr ⟨WEIS 1939, 2, 77⟩.

Sic semper tyrannis
- So soll es Tyrannen immer ergehen. Wappenspruch Virginias, den der Schauspieler John Wilkes Booth, der Mörder Abraham Lincolns, am 14. 4. 1865 in das Fordtheater in Washington rief, nachdem er

dem Präsidenten in dessen Loge aus kurzer Entfernung in den Kopf geschossen hatte ⟨Graf Albrecht Montgelas, Abraham Lincoln, Wien o. J., 166⟩.

Sic transit gloria mundi
- So vergeht der Ruhm der Welt. Formel aus dem Ritual der Papst-krönung. Der neue Papst wurde beim Einzug in die Peterskirche vom Zeremonienmeister empfangen, der drei Bündel Werg mit einer Kerze anzündete und dazu rief: "Pater sancte, sic transit gloria mundi." Der Brauch ist schon von der Wahl Alexanders V (1409) überliefert durch Augustinus Patricius (+ 1496), Rituum ecclesiasticorum sive sacrarum cerimoniarum SS. Romanae Ecclesiae libri III, hrsg. v. Josef Catala-nus, Rom 1750, I, 111. Ähnlich die Vulgata (1. Joh. 2, 17): *Et mundus transit et concupiscentia eius* - Sowohl die Welt vergeht als auch ihre Begehrlichkeit ⟨vgl. BÜCHMANN 1972⟩. Zitiert von Thomas von Kempen, 1.3, 30: *Oh! Quam cita transit ...*

Siccitas animi
- Die Trockenheit der Seele. Thomas von Kempen. Zitiert von J. Bos-well, Tagebuch v. 19. 1. 1765.

Sicut medico imputari eventus mortalitatis non debet, ita quod per imperitiam commisit imputari ei debet
- Zwar muß dem Arzt ein tödlicher Ausgang nicht zugerechnet wer-den, jedoch muß ihm zugerechnet werden, was er durch Unerfahren-heit anstellte. Medizinerregel ⟨MALL 1988, 84⟩.

Sicut umbra dies nostri
- Unsere Tage sind wie ein Schatten. Inschrift einer Sonnenuhr an der alten Sorbonne in Paris ⟨FUMAGALLI 1975⟩.

Sicut vixit, ita morixit
- Wie er lebte, ist er gestorben. Als Sprichwort zitiert in der anony-men Quodlibetdisputation 'De generibus ebriosorum et ebrietate vi-tanda'. 1557.

Silendo libertatem servo
- Schweigend rette ich die Freiheit. Devise des (Feldherrn) Gladio ⟨FAZ 10. 1. 1991, 3⟩.

Similia similibus curentur
- Ähnliches soll durch ähnliches geheilt werden. 1810 von Samuel Hahnemann (1755-1843) aufgestellter Grundsatz der Homöopathie. Ähnlich Macrobius (Sat. 7, 7, 12): *Similibus similia gaudent.*

Simillimum oblivioni silentium
- Dem Vergessen am ähnlichsten ist das Schweigen. John Barclay (1582-1621), Argenis, 5. Aufl. Frankfurt 1626, 3, 262.

Simplex sigillum veri
- Das Einfache ist das Kennzeichen des Wahren. Behauptung des holländischen Mediziners Hermann Boerhaave (1668-1738), auch Inschrift auf seinem Denkmal in Leyden.   Ähnlich Ammianus Marcellinus, Res gestae, 14, 10, 13: *Veritatis enim absoluta semper ratio est simplex* - Denn die immer unbedingte Gestalt der Wahrheit ist einfach <BARTELS 1992>.

Simulatum nihil diuturnum
- Vorgetäuschtes hält nicht lange. Wahlspruch des Grafen Ludwig v. Sayn-Wittgenstein (+ 1634).

Sine sole sileo
- Ohne Sonne schweige ich. Inschrift auf Sonnenuhren <FUMAGALLI 1975>.

Sint, ut sunt, aut non sint
- Sie sollen sein, wie sie sind, oder sie sollen nicht sein. Fälschlich dem Jesuitengeneral Lorenzo Ricci zugeschriebener Ausspruch, den er kurz vor der Aufhebung des Jesuitenordens (21. 7. 1773) gegenüber Papst Clemens XIV (reg. 1769-74) getan haben soll. Wahrscheinlicher überliefert als Antwort von Papst Clemens XIII (reg. 1758-69), als der französische Gesandte Kardinal de Rochechouart 1761 von ihm eine Reform der Verfassung des Jesuitenordens verlangte <vgl. BÜCHMANN 1972>. In der Form: *Aut sint ...* bei D. Jenisch, Cultur-Geschichte des 18. Jahrhunderts, Berlin 1801, 124.

Siste viator!
- Wanderer, verweile! Grabschrift <QUOTATIONS 1865>. Siehe *Sta, viator ...*

Sive bonum sive malum, fama est
- Gut oder schlecht, es ist doch Ruhm. Motto auf dem Wappen des Marchese Luigi Gonzaga, das den von Herostrat zerstörten Tempel von Ephesus zeigte ⟨FUMAGALLI 1975⟩.

Smyrna, Rhodos, Colophon, Salamis, Chios, Argos, Athenae, hae septem certant de stirpe insignis Homeri
- Smyrna, Rhodos, Colophon, Salamis, Chios, Argos und Athen, diese sieben streiten um den Geburtsort des berühmten Homer. Zwei Hexameter, die auch in umgekehrter Versfolge begegnen: *Septem urbes certant ... Athenae* ⟨BENHAM 1948⟩. Den ersten Hexameter zitiert M. E. de Montaigne, 2, 36.

Sol occubuit, nox nulla secuta est
- Die Sonne ging unter, aber es folgte keine Nacht. Zitiert von R. Burton, 1, 2, 3, 15. Angeblich vom italienischen Dichter Giovambattista Giraldi (Geraldus Cinthius 1504-73) als Schmeichelei für einen englischen Thronfolger geprägt. Bezogen auf Richard III (1452-85) ⟨FUMAGALLI 1975⟩. Als Hexameter: *Mira cano: sol occubuit ...* von Samuel Johnson dem englischen Historiker William Camden (1551-1623) zugeschrieben. J. Boswell, Dr. Samuel Johnson, Zürich 1981, 481.

Sol velut est decori caelo, sic Austria terris; illa ferat reges, provocet ille diem
- Wie die Sonne den Himmel ziert, so Österreich die Länder; jene möge den Tag hervorbringen, dies aber die Könige ⟨BENHAM 1948⟩.

Solamen miseris socios habuisse malorum
- Den Elenden ist es ein Trost, Leidensgenossen zu haben. In der Antike u. a. in der Moral von Äsops Fabel 'Die Hasen und die Frösche' inhaltlich vorgeprägte Erkenntnis, die im 14. Jh. bezeugt ist und in Christopher Marlowes 'Life and death of Dr. Faustus', 1588, in der Form *Solamen miseris socios habuisse doloris* erscheint. Die heute zitierte Fassung erwähnt B. de Spinoza, Ethica ordine geometrico demonstrata, Amsterdam 1677, 4, 57 ⟨vgl. BÜCHMANN 1972⟩.

Sole lucente Maria purificante plus hiemis quam ante
- Wenn zu Mariä Lichtmeß (2. 2.) die Sonne scheint, wird es mehr Winter geben als vorher. Wetterregel ⟨FUMAGALLI 1975⟩. Auch in

der Form: *Si sol splendescat Maria purificante, / major erit glacies post festum quam ante* ⟨ARTHABER 1972⟩.

Solem quis dicere falsum audeat?
– Wer wagte zu sagen, daß die Sonne falsch sei? Der französische Kunstkritiker Théophile Gautier (1811-72) über die Photographie ⟨MALL 1988, 195⟩.

Solitudo caeli janua
– Einsamkeit des Himmels Pforte. Inschrift des Trappistenklosters Ölenberg im Elsaß ⟨ZOOZMANN o. J.⟩.

Spartam et Martham (habere)
– Pfarre und Knarre, d. h. Amt und Weib (haben) ⟨HEYSE 1893⟩.

Spes, metus, ira, dolor turbant mortalia corda
imperet his ratio, norma sit ipse modus
– Furcht und Hoffnung, Zorn und Schmerz / trüben unser sterblich Herz. Einsicht soll die Richtung weisen, Mäßigung die Richtschnur heißen. Vom Leipziger Gelehrten Ulrich Chytraeus 1598 in ein Stammbuch geschrieben ⟨KEIL 1893, 85⟩.

Spirae spirant lites et nunquam exspirant
– Speyer atmet Streit und (der) wird nie verlöschen. Juristen-Wortspiel aus der Zeit als Speyer Sitz des Reichskammergerichts war (1527-1688/89).

Spongia(e) solis
– Schwämme der Sonne. Metaphorisch für Aphorismen bei Bl. Pascal, 317, der *spongia* als Plural gebraucht. Gemeint ist wohl, daß ein Aphorismus in wenige Wörter eine Gedankenfülle aufnimmt, die sich aus ihnen wieder herauspressen läßt.

Sponte qui venit, gratior hospes erit
– Tritt einer ungeladen ein, wird er als Gast willkommen sein ⟨ZINCGREF 1683, 3, 243⟩.

Sta, bibe, solve, vale
– Setz Dich und sauf Dich voll, bezahl und lebe wohl! Wirtshausinschrift ⟨WEIS 1976, 124⟩.

Sta pes, sta mi pes, sta pes, nec labere, mi pes,
ni mihi stes, mi pes, lectus erunt lapides
- Stehe, Fuß, stehe, mein Fuß, stehe, Fuß, stehe, falle nicht, o Fuß!
Wenn Du mir, Fuß, nicht stehst, werden die Steine mein Bett. Laut-
malendes Distichon des Wittenberger Professors der Dichtkunst Fr.
Taubmann: "Als er ziemlich betruncken vom Magisterio kam, machte
er taumelnd auff der Gasse diesen Vers" ⟨Taubmanniana, Frankfurt
u. Leipzig 1722, 253⟩. 1690 im Pentameter abweichend zitiert von G.
W. Happel, 254.

Sta, viator, heroem calcas
- Halte ein, Wanderer, Du trittst auf einen Helden. Grabschrift des
kaiserlichen Generals Franz Freiherr von Mercy (+ 1645) auf einem
Denkstein, den ihm die Franzosen auf Veranlassung seines Widersa-
chers Condé auf dem Schlachtfeld beim bayrischen Dorf Alerheim
setzten.

Sta, viator, lege, luge
- Halte ein, Wanderer, lies und traure. Grabschrift ⟨WEIS 1976, 117⟩.

Stante pede morire
- Stehenden Fußes zu sterben. Von Friedrich d. Gr. (1712-86) im Alter
öfters geäußerter, nicht ganz lateinischer, aber durchaus wörtlich
gemeinter Todeswunsch ⟨Ed. Vehse, Geschichte des preußischen
Hofs und Adels, Hamburg 1851, 4, 199⟩.

Stat pro ratione voluptas
- Vergnügen statt Vernunft. Jakob Balde (1604-68) in der Satire
Contra abusum Tabaci (1657) ⟨s. Vox Latina 1986, 544⟩. Parodie des
Juvenal (sat. 6, 223): *Hoc volo, sic jubeo; sit pro ratione voluntas.*

Status, quo ante bellum
- Der Zustand wie vor dem Kriege. Im älteren Völkerrecht die Ver-
einbarung kriegsführender Mächte, Frieden zu schließen unter Rück-
zug aus eroberten Gebieten. Wurde vom Gebietszustand bei Kriegs-
ende ausgegangen, so hieß die Formel *Uti possidetis* - Wie ihr besitzet
(Digesten 43, 17 tit.). Spätere Bedeutungserweiterung des *Status quo*
auf andere Bereiche.

Stercus et urina, medicorum fercula prima
- Urin und Kot / der Ärzte täglich Brot. Medizinerspruch, zitiert von
R. Burton, 1, 2, 3, 10.

Studiosus est animal rationale bipes, quod non vult cogi, sed persuaderi
- Der Student ist ein vernunftbegabter Zweibeiner, der nicht gezwungen, sondern überzeugt werden will ⟨Fr. Taubmann, Taubmanniana, Frankfurt u. Leipzig 1722, 113⟩.

Sub lege libertas
- Unter dem Gesetz ist Freiheit ⟨FUMAGALLI 1975⟩.

Sub omni canone
- Unter jedem Kanon, d. h. unterhalb jeden Maßstabs, der zur Bewertung von Schülerarbeiten dient. Meist in der scherzhaften Übersetzung 'Unter aller Kanone' gebrauchte Redensart, die aus dem sächsischen Schulbetrieb des 18. Jahrhunderts belegt ist, wo ein visitierender Pfarrer berichtete, daß er sich "einen canon zu fünf Zensuren gemachet (optime, bene, sic satis, male, pessime), daß aber leider viele Arbeiten so schlecht seien, daß sie nur als 'sub omni canone' bezeichnet werden können." Die Redensart ist jedoch älter ⟨vgl. BÜCHMANN 1972⟩.

Sub reservatione Jacobaea
- Unter dem Vorbehalte Jakobs. Nach der Vulgata (Jac. 4, 15): *Si Dominus voluerit, et vivemus et faciemus hoc aut illud* - So der Herr will und wir leben, wollen wir dies oder jenes tun.

Sub sole nihil perfectum
- Unter der Sonne ist nichts vollkommen ⟨BODEUSCH 1866, 369⟩.

Sub specie aeternitatis
- Unter dem Gesichtspunkt der Ewigkeit. Von B. de Spinoza, 5, 29-31, empfohlene Betrachtungsweise: Der Geist sei ewig, *quatenus res sub aeternitatis specie concipit.*

Subrisio saltatoris
- Das Lächeln des Gauklers. Wahrscheinliche Auflösung der Vasenaufschrift in R. M. Rilkes fünfter Duineser Elegie. Vgl. Jac. Steiner, Ril-

kes Duineser Elegien, Bern 1962, 116 u. 317. Über das seltene, bei Hieronymus im Kommentar zu Amos 5, 8 f. zuerst belegte Substantiv *subrisio* vgl. E. Zinn in: Antike und Abendland, hrsg. v. Br. Snell, Hamburg 1948, 3, 217.

Sum, ergo bibo; bibo, ergo sum
- Ich bin, also trinke ich; ich trinke, also bin ich. Frühere Inschrift im Nürnberger Ratskeller ⟨FUMAGALLI 1975⟩. Scherzhafte Abwandlung von *Cogito, ergo sum.*

Sum quod eris, fui quod es
- Ich bin, was Du sein wirst, ich war, was Du bist. Grabschrift ⟨vgl. BAYER 1993, 2379⟩. Eine ähnliche deutsche Fassung findet sich als Bildunterschrift am Berner Totentanz des Niklaus Manuel (1484-1530): Die ir jetz sind, die warend wir, / Die wir jetz sind, die werdent ir! ⟨A. E. Imhof, Im Bildersaal der Geschichte, München 1991, 294⟩. Siehe *Tu fui ...*

Sum, ut fiam
- Ich bin, damit ich werde. In der deutschen Fassung durch Goethes 'Stirb und werde' im Gedicht 'Selige Sehnsucht' (1814) bekanntgeworden.

Sumitis a vetitis; sitit is, sitit Eva, sitimus
- Ihr nehmt vom Verbotenen; es dürstet er danach, es dürstet auch Eva, und auch wir dürsten. Auf die Stammeltern bezogener Hexameter in Gestalt eines Palindroms ⟨SEPP 1885, 24⟩.

Summa et praecocia ingenia raro maturescunt
- Außerordentliche und verfrühte Begabungen reifen selten. Zitiert von Carl v. Linné, 118.

Summa potestas non patitur plures
- Die höchste Gewalt duldet keine weiteren ⟨PALINGENIUS 1628⟩.

Sunt aries, taurus, gemini, cancer, leo, virgo
libraque, scorpius, arcitenens, caper, amphora, pisces.
Merkvers für die Tierkreiszeichen ⟨WEIS 1939, 2, 20⟩.

Sunt pueri pueri, pueri puerilia tractant
- Kinder sind nun mal Kinder und treiben kindische Dinge. Wohl einem Schulmeister geratener Hexameter, vielleicht in Anlehnung an Paulus (1. Cor. 13, 11): *Cum essem parvulus, loquebar ut parvulus, sapiebam ut parvulus, cogitabam ut parvulus* - Als ich ein Kind war, redete ich wie ein Kind, verstand ich wie ein Kind, dachte ich wie ein Kind.

Sunt remedia saepe deteriora malis
- Oft sind die Mittel schlimmer als die Leiden 〈ARTHABER 1972〉.

Suppressio veri suggestio falsi
- Wahres wird unterdrückt und Falsches eingeflüstert 〈BENHAM 1948〉.

Suprema lex regis voluntas
- Das oberste Gesetz ist des Herrschers Wille. Autokratische Abwandlung von Ciceors *Salus populi suprema lex esto* (leg. 3, 8). Von Kaiser Wilhelm II 1891 in das Münchner Fremdenbuch geschrieben 〈KREBS 1896〉.

Suscipe et despice
- Nimm es auf dich und erhebe dich darüber. Vom Astronomen Joh. Kepler (1571-1630) 1630 in Regensburg in ein Stammbuch geschrieben 〈KEIL 1893, 107〉.

Suscipere et finire
- Anfangen und zu Ende bringen. Devise des Hannoverschen Ernst-August-Ordens (1865).

Sutor cantabat cottidie mane, acceptis pecuniis tacuit
- Des Morgens sang der Schuster täglich, / seit er zu Geld kam, schweigt er kläglich. Zitiert von Carl v. Linné, 79.

Suum cuique decus posteritas rependit
- Eines Jeden Heldentat belohnt die Nachwelt. Vom Göttinger Juristen Samuel v. Pufendorf (1632-94) in Berlin 1688 in ein Stammbuch geschrieben 〈KEIL 1893, 108〉. *Suum cuique* bei Cicero (Tusc. 5, 22, 63).

Suus cuique crepitus bene olet
- Sein eigner Wind riecht jedem wohl. D. Erasmus, Adagia 3, 4, 2.
Variante bei M. E. de Montaigne, 3, 8.

Tabula in naufragio
- Eine Planke im Schiffbruch, d. h. ein rettender Strohhalm 〈BEN-HAM 1948〉. *Tamquam tabula naufragii* 1605 zitiert von Fr. Bacon, The advancement of learning, London 1950, 73.

Tam malum est habere nummos, non habere quam malum est
- So übel ist es, Geld zu haben, wie es übel ist, keins zu haben. Von Martin Opitz (1597-1635) 1633 in Frankfurt/Oder in ein Stammbuch geschrieben 〈KEIL 1893, 107〉.

Tandem bona causa triumphat
- Schließlich siegt die gute Sache 〈BODEUSCH 1866, 383〉.

Tandem felix
- Endlich glücklich. Grabschrift des in Marseille gestorbenen Mathematikers und Physikers André-Marie Ampère (1775-1836).

Tandem triumphans
- Endlich triumphierend. Inschrift auf der Standarte des Prätendenten Karl Eduard Stuart (1720-88) bei seiner Landung an der schottischen Küste (1745) 〈BENHAM 1948〉.

Tantae molis erat Germanas condere gentes
- Mit solcher Mühe war es verbunden, das Deutsche Reich zu gründen. Johann Gottfried Herder (1744-1803) am Anfang des vierten Teils seiner 1791 erschienenen 'Ideen zur Philosophie der Geschichte der Menschheit'. Eine der Abwandlungen von Vergils *Tantae molis erat Romanam condere gentem* (Aen. 1, 33).

Tanto nomini nullum par elogium / Nicolaus Machiavelli / Obit anno A P. V. MDXXVII
- Für einen solchen Namen gibt es keinen angemessenen Lobspruch ... Von Ferroni verfaßte Inschrift an einem Denkmal für Niccolò Ma-

chiavelli (1469-1527), das 1787 von Innocenzo Spinazzi in der Kirche Santa Croce in Florenz errichtet wurde. Der Denkspruch ist älter ⟨vgl. FUMAGALLI 1896, 49⟩.

Te saxa loquuntur
- Von Dir reden die Steine. Inschrift am Neutor in Salzburg.

Telluris inutile pondus
- Unnütze Last der Erde. Bezeichnung eines Taugenichts. ⟨TAPP 1539⟩. In seiner 1612 beendeten Moskowitischen Chronik spricht Conrad Bussow (+ 1617) von den *terrae inutilibus ponderibus et otiosis monachis* ⟨C. Bussow, Zeit der Wirren, Berlin 1991, 83⟩.

Tempestatibus maturesco
- Ich reife in Stürmen. Wahlspruch Ernst Jüngers (*1895).

Tempora mutantur, nos et mutamur in illis
- Die Zeiten ändern sich, und wir ändern uns mit ihnen. Auf ein mittelalterliches Vorbild ⟨vgl. BÜCHMANN 1972, 674⟩ zurückweisender Hexameter, der meist in der Form: ... *et nos mutamur in illis* zitiert wird. So bei Andr. Gartner, Proverbialia dicteria, Frankfurt/M. 1566, 16. Die Herkunft des Spruches ist ungeklärt ⟨vgl. BARTELS 1992⟩.

Tempore Tempora, Tempera!
Devise der Florentiner Familie Pucci, die drei Hämmer (T) im Wappen führt ⟨MALL 1988, 60⟩. Als Stammbuchspruch 1616 in Jena belegt ⟨KEIL 1893, 84⟩.

Temporibus medicina valet, data tempore prosunt, et data non apto tempore vina nocent
- Zuzeiten wirkt die Medizin, zur rechten Zeit gegeben, / jedoch zur Unzeit schadet selbst der süße Wein dem Leben ⟨GOSSMANN 1844⟩.

Tempus divitiae meae, tempus ager meus
- Die Zeit ist mein Besitz, mein Acker ist die Zeit. Von Goethe im Brief an Friedrich v. Stein vom 26. 4. 1797 als sein 'altes Symbol' bezeichnet.

Tempus producit, non ager
- Die Zeit bringt's hervor, nicht der Acker. Zitiert von M. Luther, Tischreden, hrsg. v. Fr. v. Schmidt, Leipzig (1878), 354.

Tene mensuram et respice finem
- Halte Maß und bedenke das Ende. Devise Kaiser Maximilians I (1459-1519). Meist mit dem ersten Teil zitiert; der zweite Teil entlehnt aus dem Hexameter: *Quidquid agis, prudenter agas et respice finem,* der schon am Anfang des 14. Jh. in den Gesta Romanorum zitiert wird und auf Herodot (1, 32) zurückweist ⟨vgl. BÜCHMANN 1972⟩.

Tene quod bene!
- Halte fest, was gut ist! ⟨BAYER 1993⟩.

Terar, dum prosim
- Mag (die Sache) mich aufreiben, wenn ich ihr nur nütze. Sprichwort ungeklärter Herkunft ⟨BARTELS 1992⟩.

Terra oboedientiae
- Land des Gehorsams. Bezeichnung des von Preußen geprägten Deutschlands durch den Soziologen Alexander Rüstow (1885-1963) ⟨FAZ v. 20. 5. 1989⟩.

Terram ferimus / terram gerimus et / terra erimus
- Erst ertragen wir die Erde, dann tragen wir sie (auf uns) und dann werden wir Erde sein. In Wittenberg 1612 belegter Stammbuchvers ⟨KEIL 1893, 94⟩.

Terruit Hispanos Ruiter, ter terruit Anglos,
ter ruit in Gallos, territus ipse ruit
- Ruyter erschreckte die Spanier und schreckte dreimal die Engländer; dreimal fiel er in Frankreich ein und erschreckt stürzte er selbst. Mehrfach auf den Namen anspielende Grabschrift des holländischen Seehelden Admiral Michiel Adriaanszoonde Ruyter (1607-76) in der Neuen Kirche in Amsterdam ⟨WEIS 1939, 1, 60⟩.

Th. Maioli et amicorum.
Exlibris des venezianischen Bibliophilen Tommaso Maioli aus dem Anfang des 16. Jh. Den gleichen Besitzvermerk verwandte der neapo-

litanische Humanist Giano Parrasio *(Jani Parrhasii et amicorum)* und der Lyoneser Bücherfreund Jean Grolier (+ 1565) : *Jo. Grolierii et amicorum* ⟨vgl. FUMAGALLI 1896, 7⟩.

Tigridis evita sodalitatem
- Meide des Tigers Gesellschaft ⟨BENHAM 1948⟩.

Timeo lectorem unius libri.
Siehe *Cave ab homine...*

Titulus sine vitulo
- Titel ohne Mittel ⟨BARTAL 1901, 666⟩. *Vitulus* erscheint hier wie eine scherzhafte Verkleinerung von *victus.*

Torquent et ornant
- Sie schmerzen und schmücken. Philip d'Aglie mit Bezug auf die Ketten, die er als Gefangener trug ⟨DIELITZ 1883⟩.

Totius Dalmatiae caput et navale
- Ganz Dalmatiens Haupt und Hafen. Devise der Stadt Spalato (Split) in Kroatien ⟨MALL 1988, 57⟩.

Totus mundus agit histrionem
- Alle Welt gibt sich wie ein Schauspieler. All the world's a stage ⟨QUOTATIONS 1865⟩.

Tractent fabrilia fabri
- Die Schmiede sollen treiben, was ihres Handwerks ist. Devise der Schmiede-Innung zu Exeter ⟨DIELITZ 1883⟩.

Transeat cum ceteris propheticis erroribus
- Es mag dahingehen mit den übrigen prophetischen Irrtümern. Zitiert von Goethe in einem Brief an Lavater v. 22. 1. 1776.

Tria mala maxima: femina, flamma, fretum
- Das fressende Feuer, ein böses Weib, / und wütend Meer schmerzt Seel und Leib ⟨WEIS 1939, 2, 27⟩.

Triangulus majestatis
- Ein Majestätsdreieck. Friedrich I von Preußen (1657-1713) auf die

Zusammenkunft der Monarchen von Dänemark, Polen und Preußen im Jahre 1709 ⟨DIELITZ 1883⟩.

Triariis bello occisis
- Den im Krieg getöteten Reservisten. Inschrift eines 1927 erstellten Denkmals für im 1. Weltkrieg gefallene Reserveoffiziere in Charlottenburg.

Tribunus factus serva ordinem!
- Man hat Dich zum Tribun gemacht; sorge nun auch für Ordnung! ⟨BAYER 1993⟩. Siehe *Serva ordinem ...*

Tu fui, ego eris
- Was Du bist, bin ich gewesen, was ich bin, das wirst Du sein. Grabschrift ⟨SEPP 1885, 75⟩. Der Gedanke schon bei Omar-i-Khajjam (+1123), Die Sinnsprüche Omars des Zeltmachers, hrsg. v. Friedr. Rosen, Leipzig 1929, 24. Siehe *Sum quod eris ...*

Tu mihi lambe nates!
- Leck mich am Arsch! Angebliche Antwort Friedrich Taubmanns, als ihm ein Student zum Geburtstag mit den Worten: *Tu Taubmanne vates* zu huldigen begann und dabei steckenblieb ⟨Taubmanniana, Frankfurt u. Leipzig 1722, 148⟩. Ein ähnlicher Stegreifvers wurde dem neulateinischen Dichter Nikodemus Frischlin (1547-90) zugeschrieben ⟨KEIL 1893, 88⟩.

Tunc bene navigavi, cum naufragium feci
- Damals bin ich gut gefahren, als ich Schiffbruch erlitt. Zitiert von A. Schopenhauer, 4, 204.

Ubi mel ibi fel
- Wo Honig ist, ist Galle. Wahlspruch Martin Luthers (1483-1546) ⟨Joh. Phil. Glock, Die Symbolik der Bienen, Heidelberg 1891, 259⟩.

Ubi non accusator, ibi non judex.
Ubi non editor, ibi non versifex
- Wo kein Kläger, da kein Richter; / wo kein Verleger, da kein Dich-

ter. Abwandlung und scherzhafte Erweiterung des Rechtssprichworts *Nullo actore nullus judex* ⟨WEIS 1976, 13; vgl. LIEBS 1982, 144⟩.

Ubi populus, ibi obolus
- Wo Volk, da Geld. Leitspruch der Wirtschaftslehre des Merkantilismus ⟨FAZ v. 30. 6. 1986⟩.

Ubi pus, ibi evacua
- Wo Eiter ist, führe ihn ab. Ältere Mediziner-Regel. Motto einer 1889 in Leipzig vorgelegten Dissertation des Schweizer Chirurgen Charles Krafft (1863-1921): "Über die frühzeitige operative Behandlung der durch die Perforation des Wurmfortsatzes hervorgerufenen Perityphlitis stercoralis" ⟨Gesnerus 1971, 207⟩.

Ubicumque ars ostentatur, veritas abesse videtur
- Wo wir ein Werk gekünstelt finden, / scheint ihm das Wahre zu entschwinden ⟨QUOTATIONS 1865⟩.

Ubicumque felix Napoleon
- Napoleon ist glücklich, wo auch immer. Angeblich von Napoleon I (1769-1821) an eine Zimmerwand seiner Sommerresidenz auf Elba geschrieben. Die Inschrift wurde beseitigt, nachdem sich 1992 bei einer Renovierung der Villa di San Martino herausgestellt hatte, daß es sich um eine Fälschung jüngeren Datums handelte ⟨FAZ v. 11. 11. 1993⟩.

Ulcisci prima, secunda est vivere rapto,
tertia mentiri, quarta negare deos
- Erstens rächen, zweitens vom Raube leben, drittens lügen, viertens die Götter bestreiten. Zitiert von J. G. Seume, 1306: "Das Distichon ist gut, ich möchte es wohl gemacht haben."

Ultima forsan
- Vielleicht (Deine) letzte Stunde. Inschrift auf Sonnenuhren.

Ultima latet
- Die letzte (Stunde) bleibt verborgen. Inschrift auf Sonnenuhren. Von Conrad Ferdinand Meyer (Huttens letzte Tage, Leipzig 1871, 8, 9) Ulrich von Hutten (1488-1523) zugeschrieben: "Ultima latet. Stund' um Stunde zeigt / die Uhr, die doch die letzte dir verschweigt."

Ultima ratio regis
- Das letzte Argument des Königs. Inschrift der preußischen Kanonen seit 1742. Nach Fleury de Belingens, Les premiers essays de proverbes, La Haye 1653, 114 f., hat Richelieu alle Geschützrohre, die während seiner Amtszeit (1624-42) gegossen wurden, mit der Inschrift: *Ultima ratio regum* versehen lassen ⟨vgl. BÜCHMANN 1972⟩.

Ultimam time
- Fürchte die letzte. Inschrift auf Sonnenuhren ⟨MALL 1988, 63⟩.

Umbra fugit, opera manent
- Der Schatten flieht, die Werke bleiben. Inschrift auf Sonnenuhren.

Una harum ultima
- Eine von diesen (Stunden) ist Deine letzte. Inschrift auf Sonnenuhren.

Unda fert nec regitur
- Die Woge trägt und läßt sich nicht lenken. Von O. v. Bismarck öfters zitierter Spruch ⟨Adam Wandruszka, Schicksalsjahr 1866, Graz 1966, 107⟩.

Unde tam tarde, sancte Bernharde?
- Woher so spät, heiliger Bernhard? Gereimte Redensart ⟨FASEL 1859⟩.

Undecunque lucrum captat
- Aus allen möglichen Dingen zieht er Gewinn. Auf Arzt und Anwalt bezogen ⟨FASEL 1859⟩.

Unica nux prodest, nocet altera, tertia mors est
- Ein Nüßlein nützt, es schaden zwei, das dritte führt den Tod herbei. Medizinerspruch über die Wirkung gewisser Pillen oder anderer Heilmittel ⟨MALL 1988, 97⟩.

Unus erat mundus; duo sint, ait iste: fuere
- Eine Welt gab es, zwei sollen es sein, sprach er, und sie wurden es. Angebliche Inschrift am Geburtshaus des Chr. Columbus ⟨MALL 1988, 98⟩. Auch: ... *duo sunt, ait ille. Fuere* ⟨CAPELLANUS 1966, 170⟩.

Unus homo nobis scribendo prodiderat rem
- Ein Mensch verriet schreibend unsere Sache. Kaiser Karl V
(1500-58) angeblich über Martin Luther ⟨Taubmanniana, Frankfurt
und Leipzig 1722, 106⟩. Die Versstruktur nach Ennius bei Cicero
(Cato 4, 10) wurde u. a. auch von John Owen, 77, verwandt: *Unus
homo nobis moriendo restituit rem.*

Ursus magnus oritur, rursus agnus moritur.
Kunstvoller, aber schwach sinniger Schüttelreim mit der Überschrift:
'Ursus et agnus'. Wendelin Überzwerch (Karl Fuß 1893-1962), Aus
dem Ärmel geschüttelt, Stuttgart 1935.

Usus operi
- Nachdem Du es benutzt hast, mach' es wieder zu. Inschrift auf
dem Deckel eines Tintenfasses ⟨WEIS 1939, 1, 64⟩.

Ut apes geometriam
- Wie Bienen die Geometrie. Von G. Chr. Lichtenberg, 1, 328 zitiertes
Sprichwort unbekannter Herkunft, das auf die Fähigkeit der Bienen
anspielt, mit ihren Waben vollkommene geometrische Formen zu
produzieren, ohne etwas von Geometrie zu wissen.

Ut hora, sic dies nostri super terram
- Wie die Stunde so fliehen unsere Erdentage. Inschrift auf Sonnenuhren ⟨MALL 1988, 47⟩.

Ut moriens viveret vixit ut moriturus
- Damit er im Tod lebe, lebte er wie ein Todgeweihter. Inschrift auf
einem Grabmal in der Kirche Santa Sabina in Rom. Als Maxime zitiert vom Bankier Hermann Josef Abs (1901-94).

**Ut nos pauca loqui, plura autem audire moneret,
linguam unam natura, duas dedit omnibus aures**
- Um uns zu ermahnen, wenig zu sprechen, aber mehr zu hören, gab
die Natur uns nur eine Zunge, aber zwei Ohren ⟨M. A. Muret (Mure-
tus 1526-85)⟩.

Ut Venus enervat vires, sic copia Bacchi
attenuat gressus debilitatque pedes
- Wie Liebeslust die Kräfte mindert, so wird vom Wein der Gang behindert. Als Stammbuchvers 1763 belegtes Distichon ⟨KEIL 1893, 276⟩.

Ut ver dat florem, flos fructum, fructus odorem,
Sic studia mores, mos sensum, sensus honorem.
Stammbuchvers (1606) ⟨KEIL 1893, 70⟩.

Ut vivis, ita ibis
- Wie Du lebst, so wird es Dir ergehen. Zitiert von Carl v. Linné, 106.

Utopia
- Nicht-Ort. Titel einer Schrift von Thomas Morus (1478-1535), De optimo rei publicae statu deque nova insula Utopia, 1516. Die Neubildung, welche besser 'Atopia' hätte lauten sollen und für die auch die lateinische Bildung 'Nusquama' vorkommt, wurde zum Sammelbegriff für eine neue literarische Gattung.

Vae tibi lascivo, quia mox post gaudia flebis
- Wehe Dir, Lüstling, denn bald nach den Freuden kommen die Tränen. Hexameter, der alle Wortarten enthält ⟨WEIS 1976, 20⟩.

Valet humana multum vox, deformat tamen vultum mox
- Die menschliche Stimme gilt viel, indes entstellt sie das Gesicht. Schüttelreim auf einen Sänger, der den Mund aufreißt. Wendelin Überzwerch (Karl Fuß 1893-1962), Aus dem Ärmel geschüttelt, Stuttgart 1935.

Vanitas vanitatum vanitas
- Alles ist eitel. Titel eines Sonetts von Andreas Gryphius (1616-64) und eines Goethe-Gedichts. *Vanitas vanitatum* ist ein Gedicht der Annette von Droste-Hülshoff überschrieben (1841). Nach der Vulgata (eccles. 1, 2): *Vanitas vanitatum et omnia vanitas.*

Velim mehercule cum istis errare quam cum aliis recte sentire
- Ich möchte wahrlich lieber mit diesen irren als mit den anderen rechthaben ⟨QUOTATIONS 1865⟩.

Velle non discitur
- Wollen wird nicht gelernt. Zitiert von A. Schopenhauer, 3, 235.

Veni, scripsi, vixi
- Ich kam, ich schrieb, ich lebte. Grabschrift des Komponisten Joseph Haydn (1732-1809). Abwandlung von Cäsars *Veni, vidi, vici* (Sueton, Caes. 37).

Venus Musarum inimica
- Die Venus ist Feindin der Musen. Wittenberger Stammbuchspruch (1593) ⟨KEIL 1893, 94⟩.

Ver hiemem sequitur, sequitur post triste serenum
- Dem Winter folgt der Frühling, nach dem Traurigen das Heitere. Hexameter ungewisser Herkunft ⟨SEPP 1885, 19⟩.

Verba docent, exempla trahunt
- Worte belehren, Beispiele reißen mit. Sprichwort unbekannter Herkunft. Inhaltlich ähnlich Seneca (epist. 6,5): ... *quia longum iter est per praecepta, breve et efficax per exempla* - Weil der Weg lang ist über Vorschriften, kurz und wirkungsvoll über Beispiele ⟨vgl. BARTELS 1992⟩.

Verba ut nummi
- Worte sind wie Münzen. Zitiert 1643 ⟨vgl. LADENDORF 1906, XVII⟩.

Vere scire est per causas scire
- Wirklich wissen heißt durch Ursachen wissen. Fr. Bacon, Novum Organon 2, 2.

Veritas, Justitia, Libertas
- Wahrheit, Gerechtigkeit, Freiheit. Inschrift auf dem Wappen im Auditorium der am 4. Dezember 1948 gegründeten Freien Universität Berlin. Der damalige regierende Bürgermeister Ernst Reuter erläuterte die Begriffe in seiner Gründungsrede: "Wahrheit und Freiheit

sind untrennbar miteinander verbunden. Nur in Freiheit kann man die Wahrheit erkennen, und nur wer sich der Erforschung der Wahrheit widmet, wird wirklich ein freier Mensch sein".

Veritas vincit
- Die Wahrheit siegt. Bei Johann Hus (1371-1415) in der Form: *Super omnia vincit veritas.*

Veritas vinum vitae
- Wahrheit ist der Wein des Lebens. Wahlspruch des französischen Historikers Marc Bloch (1886-1944). Sein Exlibris zeigt einen Winzer, der Wein mit den Füßen keltert.

Versus diabolicus
- Teuflischer Vers. Bezeichnung des von vorn und hinten lesbaren sog. Palindroms ⟨vgl. WEIS 1976, 52⟩. Auch *Versus cancrinus* genannt, obwohl manche darunter nur Verse verstehen, die rückwärts gelesen den gegenteiligen, vom Verfasser gewollten Sinn ergeben ⟨vgl. WEIS 1976, 93⟩.

Verum et factum convertuntur
- Wahrheit und Tat fallen zusammen. Grundsatz des italienischen Philosophen Giovanni Battista Vico (1668-1743), der die Ansicht vertrat, daß man nichts richtig beurteilt, als was man selbst hervorbringen kann. Zuerst 1708 in Vicos Schrift 'De nostri temporis studiorum ratione'.

Vi et virtute
- Durch Kraft und Tüchtigkeit. Wahlspruch des Papstes Leo X (1475-1521) ⟨DIELITZ 1883⟩.

Vi nulla invertitur ordo
- Durch keine Macht wird die Ordnung umgestürzt. Devise der Schuhmacher-Innung zu Exeter ⟨DIELITZ 1883⟩.

Via ovicipitum dura est
- Der Weg der Eierköpfe ist hart. Dem amerikanischen Politiker Adlai Ewing Stevenson (1900-65) zugeschrieben ⟨Alan L. Mackay, The harvest of a quiet eye, London 1977, 143⟩.

Vicina sidera fecit
- Er brachte die Sterne nahe. Lobspruch auf den niederländischen Physiker und Mathematiker Christiaan Huygens (1629-95) ⟨DIELITZ 1883⟩. Siehe *Approximavit sidera*.

Vicini vicinorum facta praesumuntur scire
- Von Nachbarn wird angenommen, daß sie der Nachbarn Taten kennen. Englisches Rechtssprichwort, das den Bedingungen der modernen großstädtischen Lebensweise nicht mehr entspricht ⟨BENHAM 1948⟩.

Vicit vim virtus
- Die Tugend besiegte die Gewalt. Devise der holländischen Stadt Haarlem ⟨DIELITZ 1883⟩.

Victori pacifero incolumis Dresda
- Dem friedebringenden Sieger ist Dresden unverletzlich. Friedrich der Große auf die Einnahme von Dresden 1745 ⟨DIELITZ 1883⟩.

Vides horam / nescis horum
- Du siehst die Stunde, weißt nicht wessen. Inschrift auf Sonnenuhren ⟨WEIS 1976, 124⟩.

Vigilando ascendimus
- Wachsam steigen wir empor. Devise des 1732 gestifteten Weißen Falkenordens von Sachsen-Weimar.

Vina bibunt homines, animalia cetera fontes
- Die Menschen trinken Wein, die übrigen Tiere Wasser. Mit einer Anekdote zitiert von Johann Michael Moscherosch, Wunderliche und wahrhaftige Gesichte Philanders von Sittewald, um 1640. In einer veränderten und erweiterten Fassung als Lied zum studentischen Cerevisspiel gesungen: *Cerevisia bibunt homines ...*

Vina valent forti, cerevisia grata cubanti,
fons valet oranti, sed medo basia danti
- Wein ist für den Starken gut, Bier für den, der gerne ruht, / Wasser für den Beter ist, aber Met für den, der küßt. Als Spruch aus dem 15. Jahrhundert erwähnt von J. G. Th. Gräße, Bierstudien, Dresden 1872, 151.

Vincit amor, pudor hunc castus, mors vincit utrumque,
mortem fama, dies famam, Deus omnia vincit.
Vom Tübinger Juristen Nicolaus Varenbuler 1575 in ein Stammbuch
geschrieben <KEIL 1893, 90>.

Vindobona quia dat vinum bonum, Danubia quia olet nubes.
Etymologisches aus Österreich <MALL 1988, 62>.

Vinum divinum si desit, sume Setinum
- Fehlt es Dir am Götterwein, / kann's auch der von Setia sein. Bei
Setia in Latium wuchs geringer Wein <SEPP 1885, 79>.

Vinum laetificat, sed et letificat
- Der Wein erfreut, doch führt er auch zum Tode. Wortspiel bei Joh.
Kayser: Parnassus <WEIS 1976, 72>.

Vinum Moslanum fuit omni tempore sanum
- Wein vom Moselgrund / ist allezeit gesund. Leoninischer Hexameter <SEPP 1885, 103>.

Vinum Rhenense decus est et gloria mensae
- Ein guter Wein vom Rhein / steht bei der Mahlzeit fein. Leoninischer Hexameter <SEPP 1885, 103>.

Vir notat aetatem, sponsum, serum, probitatem.
Hexameter, als Stammbuchvers (Nürnberg 1651) belegt <KEIL 1893,
111>.

Vir sapit, qui pauca loquitur
- Verständig ist der Mann, der wenig spricht. Zitiert von W. Shakespeare, Love's labour's lost, 4, 2.

Vir simplex, fortasse pius, sed pastor ineptus
vult, tentat, peragit plurima, pauca, nihil
- Ein schlichter Mann, vielleicht auch fromm, jedoch als Pastor un-
brauchbar, / will das meiste, versucht wenig, führt nichts aus. Epigramm auf den Kardinal de Noailles (+ 1651). Der Pentameter ist ein
Spaltvers: *vult plurima* ...<KEIL 1893, 20>.

Vires unitae fortius agunt
- Vereinte Kräfte wirken stärker. Zitiert von Carl v. Linné in seiner 1739 gehaltenen 'Rede von den Merkwürdigkeiten der Insekten'.

**Virginis os roseum, bona musica, nobile vinum
haec tria cor hominis laetificare solent**
- Der Jungfrau Rosenmund, Musik und edler Wein, / das sind drei Dinge, die des Menschen Herz erfreun. 1734 belegtes Distichon ⟨KEIL 1893, 201⟩.

Viribus unitis
- Mit vereinten Kräften. Von Kaiser Franz Joseph I (reg. 1848-1916) am 12. 2. 1848 angenommener Wahlspruch, den Joseph Ritter von Bergmann (1796-1876), Erzieher der Söhne des Erzherzogs Karl, geprägt hat. Devise des 1849 gestifteten Franz-Joseph-Ordens.

Virtus non vertitur
- Die Tugend ist dem Wandel nicht unterworfen. Wahlspruch der Familie Sarsfield. Das Wortspiel ergibt sich durch die englische Lateinaussprache ⟨DIELITZ 1883⟩.

Virtus post nummos
- Die Tugend kommt nach dem Geld. Zitiert von Walter Benjamin (1892-1940), Lesezeichen, Leipzig 1970, 74.

Virtute et exemplo
- Durch Tugend und Beispiel. Wahlspruch Kaiser Josephs II (1741-90).

Virtutis fortuna comes
- Das Glück ist Gefährte der Tugend. Wahlspruch u. a. des Herzogs von Wellington (1769-1852) ⟨BENHAM 1948⟩.

Vis unita fortior
- Vereinte Kraft ist stärker. Wahlspruch der Earls of Mountcashell ⟨BENHAM 1948⟩.

Visus, colloquium, convictus, oscula, factum
- Gesehn, geplaudert und soupiert, / geküßt und schließlich koitiert. Liebesspielerischer Hexameter, 1736 als Stammbuchvers belegt ⟨KEIL 1893, 204⟩.

(Vita) bulla saponacea pulchra
- (Das Leben ist) eine schöne Seifenblase. Zitiert von Carl v. Linné, 124. Siehe *Fortuna bulla ...*

Vita mutatur, non tollitur
- Das Leben ändert sich, es wird nicht genommen. Grabschrift der 1974 gestorbenen Frau des französischen Philosophen Jean Guitton. Ähnlich Ovid (Met. 15, 165): *Omnia mutantur, nihil interit.*

Vita somnium breve
- Das Leben ist ein kurzer Traum. Titel eines 1902 erschienenen Werks von Ricarda Huch (1864-1947). Das u. a. auch von Arno Holz zitierte Wort geht zurück auf das 1635 uraufgeführte Schauspiel 'La vida es sueño' des Pedro Calderon de la Barca (1600-81).

Vive, ut vivas
- Lebe um zu leben. Grabschrift ⟨WEIS 1976, 117⟩.

Vivit
- Er lebt. Wahlspruch Martin Luthers (1483-1546) ⟨DIELITZ 1883⟩.

Vivite, ait, fugio
- Lebt, sagt sie, ich fliehe. Inschrift auf Bischof Atterbury's Sonnenuhr ⟨BENHAM 1948⟩.

Vivos voco, mortuos plango, fulgura frango
- Ich rufe die Lebenden, beklage die Toten und breche die Blitze. Inschrift einer 1486 in Basel gegossenen Glocke, die jetzt (nach dem Abspringen eines größeren Randstücks) vor dem südlichen Querschiff als sogenannte Schillerglocke im Freien steht, im Areal des ehemaligen Klosters Allerheiligen. Motto von Friedrich von Schillers 'Lied von der Glocke'. Er kannte die Inschrift aus J. G. Krünitz, Oeconomische Encyclopädie, 19 (1780), 99. Dieselbe Inschrift (Hexameter ?) befand sich auch auf dem Schriftband der 1518 gegossenen Armesünderglocke in der St. Nikolaikirche in Zerbst (WALTER 1913, 215).

Vivunt quia vivo
- Sie leben, weil ich lebe. Der italienische Gelehrte Antonio Magliabecchi (1633-1714) mit Bezug auf die Bücher seiner berühmten Bibliothek ⟨DIELITZ 1883⟩.

Vixi
- Ich habe gelebt. Der englische Historiker Thomas Arnold
(1795-1842) kurz vor seinem Tode: "In one sense, how nearly can I
now say: *Vixi*." Joseph Kaines, Last words of eminent persons, London 1866, 12.

Vixi dubius, anxius morior, nescio, quo vado
- Ich habe in Zweifeln gelebt, ich sterbe in Angst, ich weiß nicht,
wohin ich gehe. Einem Papst zugeschrieben 〈BENHAM 1948〉.

Vocatus atque non vocatus Deus aderit
- Gerufen und ungerufen wird Gott zugegen sein. Lateinische Fassung eines den Spartiaten bestimmten Orakels 〈vgl. MANUTIUS
1609, 765〉. Wahlspruch des Psychologen Carl Gustav Jung und Inschrift am Portal seines Hauses in Küsnacht am Zürichsee, Schweiz.

Volat hora / sine mora
- Die Stunden eilen / ohn' Verweilen. Inschrift auf Sonnenuhren
〈WEIS 1976, 124〉.

**Volens Thomas tegere caput Aristotelis, detegit, cum reverentia,
culum**
- Während Thomas das Haupt des Aristoteles zu decken suchte,
deckte er, mit Verlaub, dessen Hintern auf. Der italienische Philo-
soph Pietro Pomponazzi (Pomponatius 1462-1525) in seiner Schrift
'De immortalitate animae' (Opera, Venedig 1525) über Versuche des
Thomas von Aquin, die Lehre des Aristoteles zur Bestätigung von
Glaubenswahrheiten zu verwenden.

Vox audita perit, littera scripta manet
- Das gehörte Wort vergeht, was geschrieben, das besteht. Angeblich
1431 zitiert vom ersten englischen Buchdrucker William Caxton (+
1491), der aber erst um 1421 geboren wurde 〈BENHAM 1948〉.

Vox et praeterea nihil
- Nichts als Worte. Zitiert von Tob. Smollett (1721-71), Roderick
Random, London 1967, 57.

Vox populi, vox Rindvieh.
Dem konservativen Politiker Elard v. Oldenburg-Januschau
(1855-1937) zugeschrieben. Abwandlung des *Vox populi, vox Dei,* das
1178 bei Petrus von Blois, dem Kanzler des Erzbischofs von
Canterbury, belegt ist ⟨J.-P. Migne, Patrologiae cursus completus,
Series Latina, Paris 1844/55, 207, 54 C⟩. Der Gedanke weist auf
Hesiod, Werke und Tage, 763 f., zurück. Eine andere Abwandlung
war Wahlspruch des Münchner Kardinals Michael v. Faulhaber
(1869-1952): *Vox temporis, vox Dei* - Der Zeitgeist ist die Stimme
Gottes (FAZ v. 19. 10. 1994).

Vulcanus Neptuno
- Vulkan dem Neptun. Inschrift auf einer eisernen Brücke ⟨WEIS
1976, 122⟩.

Vulgus regitur opinionibus
- Das gemeine Volk läßt sich von Meinungen leiten. Georg Paschius,
De proverbio: vulgus regitur opinionibus, Wittenberg 1712. Siehe
Mundus decipitur ...

Vulnerant omnes, ultima necat
- Alle verwunden, die letzte tötet. Inschrift auf Sonnenuhren ⟨KRÜ-
GER 1981, 445⟩. Auch in der stilistisch besseren Variante: *Omnes se-
cant, ultima necat.*

Anhang: Ismen

Schlagwörter mit der Endung -ismus werden gesondert aufgeführt, da zweifelhaft ist, ob sie als neulateinische Bildungen angesehen werden können.

Absolutismus
- Absolute Herrschaft. (Praes.) G. Wernsdorf, De absolutismo morali eoque theologico, Wittenberg 1715.

Accismus
- Scheinbare Weigerung. (Praes.) J. H. Barth, De accismo seu simulata recusatione eius, quod maxime cupimus. Diss.phil. Jena 1708.

Agnosticismus.
1869 vom englischen Naturforscher Thomas Henry Huxley (1825–95) geprägt ⟨vgl. RITTER 1971, 110⟩.

Alcoholismus.
1652 in England gebucht ⟨HELFER 1991⟩.

Altruismus.
Parallelbildung zu *Egoismus*; zuerst von Auguste Comte (1798–1857) in französischer Form (altruisme) gebraucht ⟨vgl. RITTER 1971⟩.

Americanismus.
1899 gebucht ⟨vgl. BACCI 1963, 49⟩. Als *Amerikanismus* im deutschen Kontext in den 30er Jahren des 19. Jh. aufgekommen ⟨vgl. LADENDORF 1906⟩.

Amoralismus.
Im 20. Jh. für den älteren *Immoralismus* aufgekommen ⟨vgl. RITTER 1971⟩.

Anachronismus
- Ein Zeitverstoß. Neubildung des 19. Jh.

Anarchismus.
Politisches Schlagwort, das in der 1. Hälfte des 19. Jh. weitere Verbreitung findet ⟨vgl. RITTER 1971⟩.

Animismus.
Gebraucht von Joseph Fröbes, Psychologia speculativa, Freiburg i. B.
1927, 2, 297.

Antagonismus.
1784 bei Imm. Kant (Antagonism). 1827 bezeichnet Wilh. Traug. Krug
(1770-1842) den Widerstreit der Kräfte als *Lex antagonismi* ⟨vgl.
RITTER 1971⟩.

Antisemitismus.
Zunächst nach dem vorgebildeten *Semitismus* von Wilhelm Marr 1879
geprägte Bezeichnung der im letzten Drittel des 19. Jh. aufgekomme-
nen Form der Judenfeindschaft ⟨vgl. RITTER 1971⟩.

Archaismus
- Alte Redensart ⟨KIRSCH 1714⟩.

Arianismus.
Für die Lehre des Arius (260-336) und seiner Anhänger seit dem 17.
Jh. nachweisbar ⟨vgl. RITTER 1971⟩.

Atavismus
- Rückartung zum Ahnentypus. Als Fachausdruck der Vererbungs-
lehre 1833 in England (atavism) belegt. Im deutschen Kontext
1881/82 bei Friedrich Nietzsche ⟨vgl. LADENDORF 1906⟩.

Atheismus.
Erwähnt in einem Brief von Caspar Schopp (Scioppius 1576-1649) an
Conrad Rittershaus vom 17. 2. 1600.

Autismus.
Auf Eugen Bleuler (1857-1939) zurückgehender Fachausdruck der Kin-
derpsychiatrie ⟨vgl. RITTER 1971⟩.

Bimetallismus
- Das Münzsystem der Doppelwährung. 1876 als 'bimétallisme' von
dem italienischen Nationalökonomen Enrico Cernuschi (1821-96) geprägt ⟨vgl. LADENDORF 1906⟩.

Byzantinismus
- Schmeichelei und Unterwürfigkeit gegenüber Hochgestellten. Seit den 60er Jahren des 19. Jh. im deutschen Kontext ⟨vgl. LADENDORF 1906⟩; später lateinisch ⟨vgl. HELFER 1991⟩.

Caesarismus.
Von Auguste Romieu (+ 1855) als 'césarisme' geprägtes Schlagwort. Zunächst auf Napoleon I bezogen, dann auf die Regierungsform Napoleons III ⟨vgl. LADENDORF 1906, RITTER 1971⟩.

Calvinismus
- Die Lehre des Schweizer Reformators J. Calvin (1509-64). Erwähnt in einem Brief von Caspar Schopp an Conrad Rittershaus vom 17. 2. 1600. Siehe auch (Praes.) Johann Gisenius: Calvinismus, hoc est, errorum Zwinglio-Calvinianorum methodica enumeratio, 2. Aufl., Gießen 1620.

Catholicismus.
1609 in England gebucht ⟨HELFER 1991⟩.

Communismus.
1892 belegt.

Conservatismus.
Im deutschen Kontext als Konservatismus 1856 gebucht ⟨LADENDORF 1906, X⟩ und als Konservativismus 1853 von Paul de Lagarde verwendet ⟨vgl. LADENDORF 1906, 177⟩. *Conservativismus* begegnet im ungarischen Latein des 19. Jh. ⟨BARTAL 1901⟩.

Criticismus.
Im 17. Jh. belegt.

Determinismus.
In der 2. Hälfte des 18. Jh. aufgekommener Begriff. G. Chr. Rapp, De sensu determinismi innoxio, Tübingen 1784. Ch. W. Snell, Über Determinismus und moralische Freiheit, 1789.

Dualismus.
Siehe *Monismus*.

Egoismus.

Bezüglich der Chr. Wolff aus Paris bekanntgewordenen "allerseltsamsten Sekte der Egoisten" gebraucht vom Tübinger Gelehrten Christoph Matthäus Pfaff (1686-1760), Oratio de egoismo, nova philosophica haeresi, Tübingen 1722.

Evolutionismus

– Entwicklungslehre. 1896 in der ungarischen Latinität.

Fanatismus

– Glaubens– oder Meinungswut. Als 'fanatisme' 1688 bei Jacques Bossuet. Etwa gleichzeitig bei lateinischen Autoren, so im Progr. de fanatismo Böhmiano, Leipzig 1697. Auch *Fanaticismus*, so bei (Praes.) L. F. Jacobi, De fanaticismo medico, Diss., Erfurt 1713.

Fatalismus.

Zuerst 1724 als 'fatalisme' in Frankreich belegt. Später im lateinischen Kontext <vgl. HELFER 1991>.

Feudalismus.

S. Lundblad, De ortu atque incrementis feudalismi, Uppsala 1814.

Galvanismus.

Nach Luigi Galvani (1737-98) benannte Elektrizität. Joh. Chr. Reinhold, De galvanismo, Leipzig 1797.

Germanismus

– Deutsche Redeweise. 1615 belegt.

Graecismus

– Die Kenntnis des Griechischen. Jacob Crucius, 1, 58. Später für eine griechische Redensart.

Hellenismus.

Als griechische Redeweise bei Priscian. Im Sinne von Griechentum im 16. Jh. gebucht, so bei Guillaume Budé (Budaeus 1468-1540), De transitu hellenismi ad christianismum libri tres, Paris 1556. Die zuerst 1836 von Johann Gustav Droysen (1808-84) gebrauchte moderne Bedeutung beruht auf einem Mißverständnis der Apostelgeschichte (act. 6. 1), wo 'Hebräer' und 'Hellenisten' gegenübergestellt werden.

Diese sind jedoch nicht, wie Droysen annahm, orientalisierte Griechen, sondern gräzisierte Juden. Gleichwohl setzte sich das Schlagwort durch zur Bezeichnung jener Verbindung und Verschmelzung von Griechentum und Orient, die von Alexander dem Großen bis in die römische Kaiserzeit reichte.

Heroismus.
1806 gebucht, siehe *Patriotismus.*

Humanismus.
1808 von Friedr. Imm. Niethammer (1766-1848) geprägt als 'Sektenbezeichnung' für eine dem *Philanthropismus* entgegenstehende pädagogische Richtung. Im heutigen Wortsinn zuerst bei dem Historiker Georg Voigt (1827-91), Die Wiederbelebung des klassischen Altertums, Berlin 1859 〈vgl. RITTER 1974, KLUGE 1975〉.

Idealismus.
(Praes.) I. G. Canz, Idealismus ... refutatus, Diss. Tübingen 1739.

Imperialismus.
Zunächst 1832 von Heinrich Heine (1797-1856) als Schlagwort für die Regierungsform Napoleons I gebraucht 〈vgl. LADENDORF 1906〉. Im neueren Wortsinn des Machtausdehnungsstrebens 1931 in der Enzyklika 'Quadragesimo anno'.

Individualismus.
Henry Michel, De Stuarti Millii individualismo, Thes. Paris 1895.

Irrationalismus.
J. J. Lehmann, Praefatio de irrationalismo hominum morali, Jena 1712.

Latomismus
- Freimaurerei. 1845 in Ungarn gebucht.

Liberalismus.
Als politisches Schlagwort von Joseph Görres (1776-1848) 1822/23 wiederholt verwendet 〈vgl. LADENDORF 1906, 194〉. Im lateinischen Kontext bei C. Schäzler, Divus Thomas contra Liberalismum invictus assertor, Rom 1874.

Libertinismus.
Erwähnt 1655 von Jac. Crucius, 6, 193.

Machiavellismus.
Auf den italienischen Staatsmann Niccolò Machiavelli (1469-1527) bezogenes Schlagwort zur Bezeichnung einer Staatskunst ohne sittliche Grundlage. Zuerst gebraucht um 1600 von Vertretern des Antimachiavellismus. Im 17. Jh. wird *M. medicus* und *M. rusticus* gebildet. Der Theologe und Historiker M. Lilienthal prägte *M. literarius* ⟨vgl. RITTER 1976⟩.

Magnetismus.
1662 gebucht ⟨LATHAM 1965, 285⟩. Joh. Chr. Sturm, De magnorum mundi corporum magnetismo, Altdorf 1671.

Masochismus
- Lust am Leiden. Nach dem österreichischen Schriftsteller Leopold v. Sacher-Masoch (1835-95) benannt durch den österreichischen Psychiater Richard Frhr v. Krafft-Ebing (1840-1902), Lehrbuch der Psychiatrie, 2. Aufl., 1883.

Materialismus.
Anfangs des 18. Jh. auftretend, 1726 von Johann Georg Walch (1693-1775) erläutert: "Man nennet dasjenige einen Materialismum, wenn man die geistliche Substanzen leugnet und keine andere als körperliche zulassen will" ⟨vgl. RITTER 1976⟩.

Materialismus vulgaris
- Vulgärmaterialismus. Von Friedrich Engels (1820-95) in einem Brief an Karl Marx vom 18. 10. 1846 kritisch im Hinblick auf Ludwig Feuerbach gebraucht.

Mechanismus.
(Praes.) J. E. Daschitzky, De mechanismo corporum naturalium. Disp. Wittenberg 1706.

Mesmerismus
- Die Lehre vom tierischen Magnetismus, benannt nach F. A. Mesmer (1733-1815). 1812 gebucht. Behandelt von Carlo Maltini, De mesmerismo diss., Padua 1837.

Militarismus
- Vorherrschen des Militärwesens in Staat und Gesellschaft. Im Deutschen vielleicht unter französischem Einfluß seit Ende der 60er Jahre des 19. Jh. als Schlagwort gebildet ⟨vgl. LADENDORF 1906⟩. Gegen Ende des 19. Jh. in der ungarischen Latinität (BARTAL 1901⟩.

Mongolismus
- Medizinisch das Down-Syndrom. Zuerst englisch (mongolism) 1866 durch J. L. Down gebildet.

Monismus.
Erläutert durch Chr. v. Wolff, Psychologia rationalis, 1734, 24 f.: "Monistae dicuntur philosophi, qui unum tantummodo substantiae genus admittunt ... Communem esse hanc sententiam, quae inter nos obtinet, nemo ignorat, ut Dualismus sit dominans et Monismus ideo exosus habeatur".

Monotheismus.
Wohl zuerst 1660 in der englischen Form (monotheism) von Henry More (1614-87) verwendet; mit lateinischer Endung durch Imm. Kant verbreitet ⟨vgl. RITTER 1984⟩.

Nationalismus.
Im 18. Jh. für die Zugehörigkeit von Studenten zu den an den europäischen Universitäten bestehenden *Nationes*. Im 19. Jh. Bedeutungswandel zu (übersteigertem) Nationalbewußtsein.

Naturalismus.
Im älteren Wortsinn von Naturglaube 1588 bei Jean Bodin (ca 1530-1596). Seit dem Beginn des 17. Jh. Bezeichnung verschiedener Lehrmeinungen, die in irgendeiner Form die 'Natur' als Grund und Norm aller Erscheinungen annehmen. (Praes.) J. G. Faber, De naturalismo maxime subtiliori, Diss.mor., Tübingen 1752. Im 19. Jh. als literarisches Schlagwort ⟨vgl. LADENDORF 1906⟩.

Nepotismus
- Vetternwirtschaft. Anfänglich bezogen auf die Neigung von Renaissancepäpsten, Verwandte in hohe Kirchenämter zu bringen. Im lateinischen Kontext 1845 gebucht ⟨BARTAL 1901, 438⟩.

Nihilismus.

F. L. Goetzius, De nonismo et nihilismo in theologia, 1733. Als Bezeichnung einer sozialistischen Bewegung zuerst im russischen Kontext bei Iwan Turgenjew (1818-83) ⟨vgl. BÜCHMANN 1972⟩. Später in
der latinisierten Form u. a. von Friedrich Nietzsche (1844-1900) ge-
schichtsphilosophisch verwendet.

Opportunismus

- Von wechselnden Zweckmäßigkeitsgründen geleitete Gesinnung.
Als politisches Schlagwort von dem Nationalökonomen Eugen Düh-
ring (1833-1921) 1881 gebraucht ⟨vgl. LADENDORF 1906⟩. In der ungarischen Latinität des 19. Jh. belegt ⟨BARTAL 1901⟩.

Optimismus

- Im Jahre 1734 in einem Exkurs von Jesuiten über die Leibnizsche
Lehre geprägt. Vgl. Gustav Schulze, De optimismo Leibnitii, Diss.phil.
Halle-Wittenberg 1876. Spätere Bedeutungserweiterung zur Neigung,
alle Dinge von ihrer besten Seite zu nehmen.

Pantheismus.

In der französischen Form 1712 von J. Benoist gebraucht. Lateinisch
wohl später. (Praes.) Ph. Chr. Range, Observationes miscellae de
pantheismo, Diss., Straßburg 1748.

Patriotismus.

L. I. Wortberg, Nonnulla de heroismo et patriotismo meletemata,
Greifswald 1806.

Pauperismus

- Massenverelendung. Vielleicht nach französischem Vorbild 1842 im
deutschen Kontext gebraucht ⟨vgl. LADENDORF 1906⟩.

Pedantismus

- Pedanterie. Ulr. Huber, De pedantismo, 1678.

Pessimismus

- Schwarzseherei. Durch A. Schopenhauer verbreitetes Gegenstück
des *Optimismus.* Zuerst im englischen Kontext bei Samuel Taylor
Coleridge (1772-1834).

Pietismus.
(Praes.) G. Wernsdorff, Osiandrismus in Pietismo renatus, Diss. Wittenberg 1707.

Positivismus.
1893 belegt.

Protestantismus.
1817 belegt ⟨HELFER 1991⟩.

Puritanismus.
Um 1620 in England belegt ⟨LATHAM 1965, 383⟩.

Rationalismus.
1708 belegt ⟨HELFER 1991⟩.

Realismus.
J. F. Herbart, comm. de realismo naturali, Göttingen 1837.

Rhotazismus.
Die Eigentümlichkeit mehrerer Sprachen, einen stimmhaften S-Laut in R zu verwandeln. Im 19. Jh. gebildet. C. R. Joret, De rhotacismo in Indo-europeis ac potissimum in Germanicis linguis, Thes., Paris 1875. In der Phonetik auch das zu starke Aussprechen des R.

Scepticismus.
M. Schoock, De scepticismo, Groningen 1652.

Separatismus.
(Praes.) J. G. Schomer, De separatismo, Disp. theol. 1686. Später als abwertende Bezeichnung politischer Bestrebungen.

Socialismus.
1834 von dem französischen Sozialisten Pierre Leroux (1797-1871) als 'socialisme' geprägtes Schlagwort ⟨vgl. LADENDORF 1906⟩. Im lateinischen Kontext gebraucht in der Dissertation des französischen Politikers Jean-Léon Jaurès (1859-1914), De primis socialismi germanici lineamentis apud Lutherum, Kant, Fichte et Hegel, Paris 1891.

Solipsismus.
Im 18. Jh. durch Christoph August Heumann gebildet, um Geltungs-
sucht und Selbstbezogenheit von Gelehrten zu bezeichnen. Heumann
wollte damit den Terminus *Charlataneria* ersetzen, den J. B.
Mencke im gleichen Sinne in zwei Leipziger akademischen Reden 1713 und 1715
De Charlataneria eruditorum gebraucht hatte. Bedeutungswandel im
19. Jh. F. E. Müller, De solipsismo, 1841.

Synchronismus
- Zusammentreffen verschiedener Ereignisse zur gleichen Zeit.
(Praes.) A. Beier, De synchronismo, Disp. Jena 1703.

Syncretismus
- Verschmelzung von Ideen. G.E. Stahl, De syncretismo medico,
Halle 1707.

Terrorismus
- Das Schreckensregiment. Zuerst zur Bezeichnung der Gewaltherr-
schaft Robespierres 1793/94 gebraucht ⟨vgl. LADENDORF 1906⟩. Im
lateinischen Kontext bei Chr. Willems, Philosophia moralis, Trier
1908, 562.

Theismus.
Um 1670 aufgekommen ⟨vgl. RITTER 1971⟩.

Traditionalismus.
Joh.Nep. Kulavic, De traditionalismo. Diss. theol. Wien 1869.

Tritheismus
- Dreigötterglaube. (Praes.) J.G. Walch, De origine et progressu tri-
theismi. Diss. hist.-theol. Jena 1733.

Utilitarismus.
Im 19. Jh. gebildete Nebenform des von John Stuart Mill (1806-73)
als Art des Eudämonismus eingeführten und nach seiner Behauptung
im Alter von 16 Jahren zuerst für die Lehre J. Benthams so genannten 'Utilitarianism'. D. C. Somervell, Geistige Strömungen in England
im 19. Jahrhundert, Bern 1946, 149.

Vampyrismus.
1722 gebucht ⟨HELFER 1991⟩.

Vandalismus.
Lateinische Form eines von H. Grègoire, Bischof von Blois, 1794 geprägten Schlagworts für rohe Zerstörungswut; nach den angeblichen Verwüstungen, die er den Wandalen bei einer Besetzung Roms (455) zuschrieb.